KINZAI バリュー叢書

ゴールベース法人取引

髙橋　昌裕［著］

一般社団法人金融財政事情研究会

はじめに

世の中すべてが、短期的な結果・成果を求め過ぎる風潮に、違和感と危機感をもっています。
もちろん、短期目線も大事ですが、そのために本質的で腰を据えて取り組むべきものがおろそかになっていないでしょうか。
地域金融機関とお客さまも、かつては長い目線のなかで関係を築き上げていたはずです。しかし、近時は目先の取引に意識が行き過ぎてしまい、結果として心の距離が離れてしまっているように思えます。

お客さまに、もっと寄り添い、そして企業・経営者の夢の実現を応援しよう。

これが、本書の根底に流れるテーマです。
そう、「当たり前」のことです。「当たり前」なのに、おろそかになってしまっていることに向き合ってほしいと思い、本書を書きました。いまならまだ、間に合うはずです。

２０１８年５月

髙橋　昌裕

目　次

第Ⅰ部　ゴールベースアプローチとは何か

第1章　大志を掲げる企業

第2章　ゴールベースアプローチの必要性

第Ⅱ部 ゴールベースアプローチで行うこと

第4章 優れた企業の要件

第5章　ゴールベースアプローチによるサポート

第Ⅲ部　ゴールベースアプローチの実行に向けて

第6章　営業実態とのギャップ

補論　ゴールベースアプローチによる金融機関経営

第Ⅰ部

ゴールベース
アプローチとは何か

第 1 章

大志を掲げる企業

「まだまだ夢ばかりを話しているだけの〝言うだけ番長〟ですが、思いを語り、より多くの方を巻き込んで、夢を実現させていきたいです！」

こう語るのは、HEAVEN Japan（大阪府）代表取締役CEOの松田崇さん。

「胸不二子ブラ」（老け胸ふっくら 大人の盛りブラ）、「脇肉キャッチャー」（流れる脇肉&背中のハミ肉を本来のバストへ！）、「尻まる子ちゃん」（日本人のぺたんこ垂れ尻に革命を！）など、愉快なネーミングの独自商品ブランドを展開する女性用下着の製造小売会社の創業者であり社長です。インパクトのある商品名がウケ、ＴＶでも紹介されています。

しかし、同社は「商品名で注目を浴び、目先の売上げが伸びればいい」と考えているわけではありません。

松田社長は、「将来こうなりたい」という大志を掲げ、理念に基づく経営（「理念経営」）を行っています。

いったい、どのような理念を定めているのでしょうか。確認してみましょう。

＊　＊　＊

【企業理念】

◇Life is Happiness

――100年、200年と愛される企業へ。

――私たちが目指すのは、お客様に「喜びと感動」をお届けすること。お客様にその「想い」を届けることができるのは、スタッフ一人ひとりが「安心」して働き、「活躍」する環境を整えること。

そして、HEAVEN Japan に関わるビジネスパートナーを始めとする全ての人々と、「Life is Happiness」の〝WA〟を広げていくこと。

【ミッション】

◇下着を通じて、お客様に喜びと感動を笑顔をお届けする

――私たちは、お客様に喜びと感動と笑顔をお届けするために、focus on you から生まれた「適正下着®」の概念を基軸に、商品開発・サービスを行っていくことを使命としています。

お客様の「夢（＝なりたい自分）」を実現するために、スタッフ全員が個々の強みを活かして日々の業務に取り組んでいます。

【ブランドメッセージ】

◇focus on you

――あなたの輝きは、私たちの輝き。

下着ブランド「HEAVEN Japan」は、お客様一人ひとりの願いを、喜びや感動に変えてお届けいたします。

【ブランドコンセプト】

◇年齢・体型・体質の変化とお客様のライフスタイルに合った「適正下着®」のご提案

――情報があふれ、選択肢が多い今の時代だからこそ、人は自分に合ったものを選ぶことが難しくなっています。私たちは、下着の専門知識と優れたカウンセリングスキルを強みとして、その人の年齢や体型、体質の変化はもちろん、その人が叶えたいライフスタイルにあった「適正下着®」をご提案いたします。

＊　＊　＊

これらをみると、商品名でウケをねらっているだけの会社ではなく、松田社長が思い描いた、顧客と会社自身の夢の実現を目指していることが伝わってきます。

女性用下着を扱う会社であれば、「女性のきれいを応援する」というキーワードを掲げている会社は珍しくありません。

しかし、松田社長の目指すところは、それを超えています。「お客様に『喜びと感動』」を、そして取引先や従業員も含めた、「全ての人々と、『Life is Happiness』」を共有したいという目線は、まさに大志と呼べるものでしょう。

◇「理念経営」のキッカケ

松田社長は、もともとトラックの運転手でした。起業意欲が強く、常に起業ネタを探していたそうです。

そんな折、夫人とのアメリカ旅行中に、フリーマーケットで下着を売っているのを偶然みかけます。日本にはないデザインの下着を手にとり喜ぶ夫人の姿をみて、「これならいけるのでは」と直感が働き、まったく土地勘のない業界にもかかわらず起業を決意し、2003年に創業しました。

そんな松田社長も、最初から「理念経営」を行っていたわけではありません。

当初は、自分のこと、目先のことばかりを考えていましたが、理念をもつことの重要性に気づく二つの大きな出来事があったそうです。

一つ目は、立ち上げ期の苦境を乗り越え、ようやく月商も300万円を超えて、商売が軌道にのってきた頃のことです。

ある女性スタッフから「子どもができた」と報告を受けた時、本来であれば喜ぶべきことなのに、素直には喜べませんでした。まだ少人数の会社で、スタッフが一人でも抜けると業務の運営に支障をきたしてしまうため、「おめでとう」よりも「困ったな」という思いが先に立ってしまったからです。

もう一つの出来事は、ある先輩経営者に「君の会社は、だれのためにある会社なの」と聞かれたことでした。

毎日毎日、それこそ睡眠時間も削って一生懸命にやってきたのは、だれのためでもなく、まぎれもなく自分のためです。経営者が、「自分のために会社を経営する」のは当たり前のことだと考えていました。

しかし、先輩経営者に「商売は世の中のためにならないとダメだよ。自分のためだけでは、いずれ淘汰されるよ」といわれ、衝撃を受けます。

この二つの出来事がキッカケとなり、松田社長は「自分の会社はどうあるべきか」を考え、「女性のきれいを応援する」だけでなく、「女性が結婚、出産、子育てをしても安心して働けるお店を目指す」ことを決めました。これが、松田社長の「理念経営」のスタートです。

その後、対象者を女性に限定する必要はないと考え、現在の企業理念である、すべての人々を対象とした「Life is Happiness」へと進化させています。

◇ビジネスパートナーとの共有

HEAVEN Japan に限らず、経営理念を掲げている企業は数多くあります。

しかし、「かたちだけ」の存在になっているケースもまた、珍しくありません（皆さんの勤務先は、大丈夫ですか）。

翻って松田社長にとっての経営理念は、「迷ったときに見上げると、目指す方向が明確となる『北極星』のようなもの」なのだそうです。経営理念が、自身の意思決定の判断軸として機能しているわけです。

さらに、自分一人が理解・意識するのではなく、社内スタッフは当然のこと、外部のビジネスパートナーにも、大志を伝え続けています。

その対象は、下着の製造工場にも及びます。

HEAVEN Japan は自社で製造工場を保有していません。そのため、品質に強いこだわりをもつ独自商品ブランドを展開している HEAVEN Japan にとって、外部の委託先企業となる製造工場は、大事な生命線です。

そこで、松田社長は製造工場にも定期的に足を運び、自分の思いや、自社がいま抱えている課題も伝え、共有しています。

委託先の製造工場に対して、ここまで熱心に対応をするメーカーは珍しいため、製造工場は松田社長の「思い」や「やる気」を受け止め、心強い応援者になってくれています。

◇金融機関との関係

金融機関も、もちろん大事なビジネスパートナーです。

世の中には、「金融機関には、良いところは伝えるけど、悪い話は隠しておきたい」という経営者もいますが、松田社長は取引ある金融機関に対しても、大志、そして自社の課題を包み隠さず話しています。

本書の取材のため、松田社長にインタビューを依頼した際に、それが嘘ではないと伝わってきました。

私は、金融機関の担当者からも話を聞きたいと思い、松田社長にメインバンクへのアポイントメントの取得をお願いしました。松田社長と金融機関を別々にインタビューを行い、それぞれの本音を聞きたいと考えたからです。

すると松田社長は、アポイントメントの取得を快諾してくれたうえで、「インタビューは、別個に設定したほうがいいですか。私は、取引金融機関には、基本的にすべてをさらけ出しているので、金融機関が同席していても聞かれてマズイことはありませんよ」と返答がありました。

それならば一緒にやりましょう、ということで、第1部（主に、松田社長へのインタビュー）はHEAVEN Japan本社にて、松田社長・メインバンク（紀陽銀行）の営業担当者・私の三人で行い、第2部（主に金融機関へのインタビュー）は場所を銀行の支店に移し、先ほどの三人に支店長も加わってもらい実施しました。

延べ5時間以上にわたって双方にインタビューをしましたが、たしかに松田社長は、企業理念なども含めて「こうなりたい」という思いも、そして現在抱えている課題も、さらけ出していることが伝わってきました。

◇応援したい企業

こうした日頃のコミュニケーションの結果、メインバンクはHEAVEN Japanを深く理解することができ、同社に対する「事業性評価シート」は、支店内で最も充実したものになっています。もちろん、「事業性評価シート」という形式にとどまらず、心のつながりも深くなっていました。

「経営にあたっての考え、将来の夢、そして足元の課題と、すべてを語ってくれるので、安心感がある。何よりも『こうなりたい』というものがはっきりしているので、その実現に向けて応援したいと思う」（紀陽銀行　河内長野支店・村竹学支店長）

「数字も大事だけど、それだけでなく、気持ちで対応したいと思う会社」（同・坂口晶俊さん）

一方の松田社長も、メインバンクについて「当社のことを思い、親身になってくれている。自分たちの協力者になってくれている」と感じています。

具体的な事例として、こんなエピソードを教えてくれました。

松田社長が融資案件を依頼した際、支店の作成した稟議書をみた本部は、融資の実行に関してネガティブな判断でした。すると、村竹支店長・坂口さんは松田社長のもとを訪れ、「耳の痛い話になるかもしれませんが」と前置きしたうえで、本部からみて、今後円滑な事業運営を行っていくうえで、現状では問題点と考えられる事柄について伝えたそうです。

これに対して松田社長は、問題点をいったん受け止めたうえで、それを払拭できるよう自らの考えを詳しく丁寧に説明しました。支店が咀嚼・整理して、本部に再申請を行ったところ、結果として理解を得ることができ、融資は実行されました。

この時のことを振り返って松田社長は、「支店が、自分の考えを聞いてくれる場を設けてくれたのは、とても有難かった。銀行の本部と支店とでは役割が違うので、不明な点がある融資案件に対して、本部がブレーキをかけるのは当たり前のこと。問題点として提示された内容も、理解できるものだった。それでも、それを払拭できるだけの説明はできる自信があった。もし、支店が本部の判断結果だけを伝えにきたのなら、たまったものではなかった。よくぞ自分の考えを聞いてくれた。そして、本部の判断が覆るよう、支店がチャレンジしてくれたことに対しては、感謝の気持ちしかない。支店に頑張ってもらった融資案件ほど、絶対に成功させてやると力が入りますよ」。

村竹支店長も、「もし目先の売上げや利益の話だけだったら、そこまでは応援できない。『こういう会社にしたい』という松田社長の強い思いがあって、そこに至る道筋も考えられているので、自分たちも応援している。この案件のときも、本部の考える問題点を払拭できるだけの考えが松田社長にはあるとわかっていたので、話を聞きに行った。折衝ごとは、本気度の強いほうが勝つんですよ」と語ったうえで、「こうした経験は、銀行の側も勉強になっています」と続けていました。

大志を掲げその実現に向け頑張る経営者と、それを応援するメインバンク。

中小企業と地域金融機関との、理想的な関係性の一つに思えます。

◇結果を出すことが恩返し

HEAVEN Japan は、まだ成長の途上にあります。

今後は、全国に取扱店を増やして、HEAVEN Japanを中心としたエコシステムを構築し、単にモノを売るのではなく、きれいを届けるプラットフォームをつくることで「Life is Happiness」を広げていきたいそうです。

「夢も課題もたくさんあるけれど、ビジネスパートナーに経営理念を伝え、応援してもらえるようにするのが自分の仕事。そして、応援してくれる人たちにできる恩返しは、いったことを実現して結果としてみせていくことだけです」。松田社長は、力強く、語ってくれました。

＊　＊　＊

【本章の取材協力】（敬称略）

株式会社HEAVEN Japan　代表取締役ＣＥＯ　松田崇

紀陽銀行　河内長野支店長　村竹学

紀陽銀行　河内長野支店　営業課　坂口晶俊

第 2 章

ゴールベースアプローチの必要性

1 だれもが『ゴール』を意識している

メインバンクはなぜ、HEAVEN Japanを応援したいと思うのでしょうか。紀陽銀行の村竹支店長がいうように、松田社長が目先の売上げや利益ばかりにこだわっていたならば、いまほどの応援はなかったはずです。さらにその先、「こういう会社にしたい」という将来への強い思いがあり、共感したからこそ、夢の実現に向けた応援者になっています。

大事なのは、「こうなりたい」という思いです。

本書では、これを『ゴール』と呼びます。具体的な定義は後ほど説明しますが、イメージとしてむずかしいものではないので、理解いただけることでしょう。

◇『ゴール』を見据えるのは「当たり前」のこと

企業活動に限らず、私たちは生活のなかで『ゴール』を当たり前のように意識しています。

たとえば、スポーツクラブでの運動を考えてみましょう。

筋力トレーニングのマシンを使う人、エアロバイクをこぐ人、スタジオでエクササイズをする人、プールで泳ぐ人と、スポーツクラブではさまざまなことが行われています。

利用者の年代も、若い層から、中高年層まで、幅広くいます。

これらの人たちはそれぞれ、なんらかの目的をもってスポーツクラブにきています。

痩せたい人、筋肉をムキムキにしたい人、パワーアップしたい人、持久力をつけたい人、しなやかな身体をつくりたい人、身体機能の維持をしたい人、あるいは人間ドックでいくつもの項目が基準値を超えてしまったので運動習慣を取り入れ数値の改善を図りたい人（私です……）。ごくまれに、出会いを求めてスポーツクラブに通っている人もいるかもしれません。本書の編集者はもっぱらジャグジーでリラックスしたくて利用しているそうです。いずれにしてもスポーツクラブに通うことで「こうなりたい」と、自分の『ゴール』を意識して運動しています。

◇『ゴール』は原動力になる

明確な『ゴール』の設定は、物事を前に進める原動力にもなります。

「スポーツクラブで運動して痩せたい」というややあいまいな『ゴール』よりも、「スポーツクラブで運動して半年で5キロ痩せたい」と、明確な『ゴール』を設定したほうが、実現の可能性は高そうです。

受験生を例にとってみても、受験まで日があり、志望校も漠然としか考えていないうちは、合格という『ゴール』こそあるものの、まだ勉強には本腰が入りません。

しかし、学校見学などを通じて「あの学校に行きたい」と憧れの志望校が決まり、明確な『ゴール』が設定されると、がぜん勉強にスイッチが入って、学力も急カーブで伸びていきます。

さらに、『ゴール』を設定するだけでなく、いつまでに達成するのかを決めることで、より実現可能性は高まります。

「お金が貯まったら、ヨーロッパ旅行に行こう」では、はたして行ける日がくるか、わかりません。行けたとしても、かなり先になってしまいそうです。それに対して、「来年の夏休みに、絶対にヨーロッパ旅行に行きたい。だから、お金を貯めよう」という『ゴール』ならば、来年の夏には夢が叶っている可能性は高いでしょう。

ワタミグループ創業者の渡邉美樹さんが、夢を叶えるためには「夢に日付」をつけることが大事だといっているのは有名な話です。耳にしたことがあるのではないでしょうか。

◇サポートを受けたほうが『ゴール』は実現しやすい

『ゴール』を目指して自分一人で進んでいくよりも、だれか適切な人にサポートをしてもらったほうが、実現の可能性は高まります。

スポーツクラブの例でいえば、私の友人（女性）は、体重を減らしたいと思い（『ゴール』）、スポーツクラブに入会しました。やや内気な性格もあり、インストラクターに運動の仕方を相談することもなく、約1カ月にわたって、2～3日に1回のペースで、周囲の人を見よう見まねで身体を動かしていたそうです。

そんな彼女がある日、インストラクターと会話をする機会があり、これまでの運動メニューを伝えたところ、「その運動の仕方では、筋肉が逞しくなるばかりで、痩せるのには逆効果」といわれて、大変なショックを受けていました。

自分は『ゴール』に向かって一直線に進んでいるはずなのに、知識不足・経験不足のために、道を間違えたり、遠回りしたりするのは、あることです。彼女の場合、もっと早い段階で、適切な人（インストラクター）に相談をしていたら、悲劇は起こりませんでした。

より確実に『ゴール』に近づくには、自分だけでなく、サポートする人の存在も重要です。

もちろん、そのためには、相手に自分の『ゴール』をきちんと伝え、理解してもらうことが前提となります。「いわなくてもわかるはず」は幻想にすぎず、目は口ほどにはモノをいいませんので。

◇ゴールへのたどり着き方も大事

『ゴール』を設定しても、達成するための手段は、一つとは限りません。手段がいくつかあるときに、どのような前提を置くか、何を大事にするかは（意識して時間をとって考えているかは別として）、手段を決める際の判断軸となります。

運動に関することであれば、

・一人でやるか
・お金をかけるか
・特別な時間を設けるか
・どれくらいの期間を想定するか

といった観点から、自分が大事にすることの優先順位をふまえて手段を決めます。検討の結果、スポーツクラブに通う人もいれば、日々の生活を工夫することで『ゴール』の達成を目指す人もいるでしょう。

そして、『ゴール』へのたどり着き方は、自分一人の検討・行動であれば、特に問題になりません。思うままに、判断するだけです。

しかし、複数の人が関与する場合には、気をつける必要があります。

次に紹介するのは、あるファイナンシャルプランナー（ＦＰ）の方が、ツイッターに投稿したものです（文意を損ねない範囲で、著者が編集）。

・小学校のクラブ活動で、５万円の備品を購入するために、保護者50人を動員して、バザーをすることになった

・バザーでは、商品の販売だけでなく、豚汁やぜんざいも、ふるまいたいという話になっている

・そのため、１週間も前から保護者が何回も集まって、買い出しや準備をすることになり、当日も早朝から集合して準備することになった

これに対して投稿者は、

・各家庭から１０００円を徴収（１０００円×50世帯＝５万円）すれば、こと足りるのでは

と、つぶやいていました。

さて、このケースを皆さんは、どう考えますか。

『ゴール』は、「クラブ活動で備品を購入するために5万円を集めること」と明確です。

一方で、何を大事にするかは、人によって異なります。そのため、ツイッター上でも賛否、両方の意見が飛び交っていました。もし、皆さんのなかに「賛成」「反対」と即座に判断した人がいれば、「大事にすること」を自己流に（勝手に）決めつけてしまっていた可能性があります。

どんな手段であろうと5万円を集めればいいだけなのであれば、最も手っ取り早いのは、投稿者がいうように、各家庭から1000円を集める方法になるでしょう。

他方で、5万円を集めるまでの過程も大事にして、「この備品は、みんなで頑張って集めたお金で買ったものだから、丁寧に使おうね」とストーリーをつくりたいのであれば、バザーをやることや、みんなで協力してやり遂げたという達成感が重要となります。

『ゴール』へたどり着くために「何を大事にするか」の共有がないと、本当の意味での賛同者が現れなかったり、誤解を招く可能性があるのです。

◇考え方は金融でも同じ

いくつかの角度から、『ゴール』にまつわる視点を紹介してきました。

『ゴール』を設定し、『ゴール』を見据えることで力が湧き、だれかのサポートも受けながら『ゴール』の実現に向け適切な手段をとることは、目標達成に向け「当たり前」のことです。私たちは、日常生活のなかで、意識せずとも行っています。

そして、『ゴール』と、そこにたどり着くために大事にすることが共感を得られるならば、応援してくれる人も出てきます。

ここまで、金融「以外」の例を取り上げましたが、考え方は金融でも同じです。

そこで本書では、お客さまの『ゴール』を見据えたうえで、『ゴール』の実現に向け金融機関として寄り添いながらサポートしていくことを、『ゴールベースアプローチ』と呼ぶことにします。

2 ゴールベースアプローチ

◇個人顧客への資産運用アプローチ

ところで、『ゴールベースアプローチ』という言葉は、私の造語ではありません。

富裕層を中心とした個人顧客へのウェルスマネジメントに関するアプローチとして、アメリカのファイナンシャル・アドバイザーのあいだで主流となっている手法がこう呼ばれ、野村證券をはじめ日本でも取り組む金融機関が出てきています。

「お金を増やしたい」という思いは、だれにもあります。

しかし、その目的や、そこに至るまでの道筋で何を重視するかは、人それぞれです。いくつか例示してみましょう。

・うまくいけば悠々自適な人生後半を過ごしたい。余裕資金の運用はハイリスクを覚悟で、ハイリターンをねらいたい

・定年までの年数もあとわずか。老後の大事な生活資金なので、安全資産を中心に運用して、銀行預金より少しでもプラスが出ればいい

・自分の立ち上げた会社が、順風満帆にきている。多額の役員報酬もとれているので、少しでも税金を減らせるように、資産運用を活用したい

・人生はもう終盤戦。これまで蓄えてきた財産を、少しでも多く、子どもや孫に残せるよう、相続も意識しながら資産運用をしていきたい

・資産運用のことはよくわからない。できるだけ手間がかからない方法で、資産を少しずつでもいいから積み上げていきたい

いずれも、それぞれの人の思いであり、どれ一つとして「良い」「悪い」を判断すべきものではありません。

これだけ思いが異なるのですから、「だれにも最適な、唯一絶対的な資産運用手法」など、あ

りえません。商品だけを取り上げてみても、マスコミがもてはやす「低コストのインデックスファンド」が、常に最適というほど単純な世界ではないのは、いうまでもないでしょう。

だからこそ金融機関には、それぞれの人の目標（『ゴール』）を理解し、時には目標の設定自体も手伝い、目標を実現に近づけるための資産形成プランを策定し、実行（投資商品の提案・販売）、さらには定期的な目標・資産形成プラン・商品の見直しまで、長期にわたり寄り添っていく『ゴールベースアプローチ』が期待されるのです。

◇支店の目標が『ゴール』になっている

『ゴールベースアプローチ』の考え方自体は、きわめて「当たり前」のことです。

しかし、いまの金融機関（地域金融機関だけでなく、メガバンクも含めて）に『ゴールベースアプローチ』ができているかは、おおいに疑問が残ります。

一時期に比べて、投資信託などの資産運用商品の販売に苦しむ金融機関が増えています。日経平均など株価が上昇局面に転じても、計画したほどの成果にはつながっていません。背景には、「お願いしやすい」お客さまには、すでに何度も何度もお願いをし、無理をきいてもらっているので、もはやこれ以上のお願いが通用しない状況があります。

こうしたなかで、今期の業績評価目標を達成するため、お客さまの人生や目標（『ゴール』）を考えることなく、ただ自分たちとして売りたい商品のセールスをする、いわば、『支店のゴールベースアプローチ』が蔓延していないでしょうか。

この場合の『ゴール』は、「お客さま」の人生の目標ではなく、「支店」の業績評価目標です。寄り添うべき『ゴール』が、ずれているのです。

私の古くからの友人に、最近こんなことがありました。

彼は、都内にもっていた自宅を売却したため、まとまったお金が自身のメガバンクの口座に振り込まれました。幸いにして、これまでの蓄えが多少なりともあるため、売却代金はいますぐに必要というわけではありません。

だからといって、お金にまつわる心配ごとがないわけではなく、少し長い目でみれば、子どもの教育費用・親の介護費用、そして親に万一のことがあったときの相続税のこと（彼の親が保有する資産のほとんどは、現預金ではなく、都市部にある先祖代々から守り抜いてきた土地ということでした）など、彼なりにお金の不安は抱えています。

そんな折に、多額の入金情報をもとに、メガバンクの担当者（面識なし）から電話がありました。彼は、これまで金融機関の人にお金の相談をする機会がなかったので、「ちょうどよかった」と思い、できることなら電話だけではなく支店にも足を運び、自分がお金について困っていることや、彼なりにどういう状態にもっていきたいと考えているかをお伝えして、プランの提案をしてもらいたいと思ったそうです。

もちろん、提案に納得できれば、自宅の売却代金を、預金口座に眠らせておくのではなく、他の金融商品に移し替えるつもりでした。

ところが、電話の向こうからは、彼の人生や不安に寄り添う発言はいっさいありませんでした。さらには、振り込まれた多額のお金が、そもそも何のお金なのかすら聞くことなく、一方的に、投資商品を勧めてきたそうです。

彼もさすがにこれでは、取引はもとより、相談する気にもなれません。

残念に思いながら、電話の向こうでしきりに勧めてくる投資商品を、「必要ない」と断りました。

メガバンクの担当者の対応は、彼の人生や目標（『ゴール』）に寄り添うことのない、残念な（でも、多くの金融機関でやっていそうな）ものでした。

この話には、さらに続きがあります。

彼の反応から、投資商品を買ってもらえる見込みは薄いとわかった担当者は、彼に「今回振り込まれたお金は、近々、お使いになる予定があるということですね」と同意を求めてきたそうです。

彼は、そんなことを思っても、いってもいないため、なぜ確認をされたのかまったく理解ができず、少しキョトンとしてしまいました。

ただ、この担当者には自分の不安は相談できない、と結論を固めていたので、早々に電話を切るべく「はい、そうです」と答え、電話を終わりにしました。

電話を切ったあと、彼は考えたそうです。

担当者は、上司に対して「資金の使用予定ありと確認できた」と報告したかったのではないだろうか。そうしないと、「このお客さまには、まだセールス見込みがある。可能性があるのだから、何度も電話しろ」と詰められてしまうので、自己保身のために「近々使う予定があるお金」と色をつけたに違いない、と。

確かなことはわかりませんが、彼の推測は正しいのかもしれません。

私自身も、資産運用商品ではありませんが、生命保険の相談をした際に、『ゴール』の共有も、寄り添いもまったくないな、と残念に思ったことがあります。

私は、大学を出て生命保険会社に勤務をしていたので、生命保険の知識は相応にあります。しかし、業界を離れて長くなったこともあり、一度、自分が加入している保険について、相談してみることにしました。

相談の相手は、生命保険に関する著書も複数あり、大手メディアなどへの寄稿やインタビューにもたびたび登場している、その領域では「著名な」ファイナンシャルプランナー（ＦＰ）です。

雑誌に載っているような、とおりいっぺんのアドバイスでは意味がないので、事前に私が加入している生命保険の保険証券をＦＡＸで送り、内容を確認してもらったうえで相談にのってくれるという、有料の保険相談に申し込みました。

皆さんご承知のとおり、生命保険の加入の仕方には、その人が何を大事にしたいか、何をリスクとして危惧しているかが、色濃く反映されます。

先ほど、だれにとっても最適な資産運用商品などないといいました。それと同様に、だれにとっても最適な保険の加入パターンや商品などありえません。

だからこそ、有料の保険相談で、私が大事にすること・不安に思うことをふまえたうえで、アドバイスをしてくれるものと期待して、待ち合わせの喫茶店に足を運びました。

しかし、相談を開始すると、ＦＰの方は、私の加入する保険の一つひとつについて、「これは多くの人が入っている、いい保険です。私も勧めることが多いです」「これは、支払う保険料よりも、保険金額のほうが少ないので、あまりよくない保険ですね」「医療保険は必要ないというのが私の考えですが、もしそれでも入るのであれば、これは保険料も安く、いい保険だと思います」といった話ばかりだったので、唖然としました。

そのＦＰの方は、加入している保険を頭ごなしに否定することはせず、人柄も優しい感じでした。「いい人」なのだと思います。

ただ、最初から最後まで、私の保険に対する考え方や、ライフプランをふまえたときに、何を懸念しているのか、保険で備えることによって、どんな将来の安心を手に入れたいと思っているのか、といった確認は、いっさいありませんでした。相談者の思いをふまえてキャッチボールをするという意思が、残念ながら伝わってこない面談になってしまいました。

領収書（1時間30分で1万６５９０円）のただし書には、「相談料」と記載されていましたが、まるで相談にのってもらっている感じはなく、「診断」「評価」「批評」としか受け止められませんでした。

友人の経験も、私の経験も、『ゴールベースアプローチ』からは、ほど遠いものです。

個人顧客への営業をしている方、したことがある方は、こうした対応に思い当たる節はないでしょうか。お客さまの『ゴール』を理解して、寄り添えているでしょうか。

3 法人取引でのゴールベースアプローチ

◇法人顧客も目指す姿は千差万別

『ゴールベースアプローチ』は、もともと個人顧客への資産運用に関するアプローチであるため、ここまで個人取引を例に説明してきました。

しかし、この考え方は、法人顧客にも通じます。

経営者は、自社をどのような企業にしたいのか。目指す姿は、各社各様です。

企業の目標をみても、「一部上場」もあれば、「売上100億円」「ROE15％」「主力商品の世界シェアナンバー1」「子どもへの円滑な事業譲渡」「雇用を維持したままの転業」など、さまざまです。

時間軸を、5年後、10年後、50年後のどこに置くかでも、違ってきます。

ライフステージ（創業、新興、成長、成熟、成長鈍化、衰退）が同じでも、目指す姿は企業によってそれぞれです。たとえば、同じ創業ステージでも「全国に自社サービスの名が知れ渡るようにしたい」「世の中の笑顔を増やすことに貢献したい」「ＩＰＯする」「一気に成長して大会社に事業売却したい」「地元で20年30年愛される会社にする」など、目指すものは企業により千差万別です。

単純に、売上げや利益が最大化すればいい、というものではありません。

◇法人版ゴールベースアプローチ

このように、個人それぞれで人生の目標（『ゴール』）が違うように、企業（経営者）が目標（『ゴール』）とするところも違います。

そこで、法人版『ゴールベースアプローチ』を、企業（経営者）と長く寄り添い続け、『ゴール』の実現を支援する取組みとして、次のような一連の活動と定義します（図表1）。

・経営者の思い描く『ゴール』を理解し、時には一緒に考える
・『ゴール』の達成に向けた中長期の財務戦略を構築する
・いま必要な資金調達・運用手段を検討し、実行支援する
・長く寄り添いながら定期的に状況を確認し、必要に応じて見直し策を検討する

図表1　法人版『ゴールベースアプローチ』

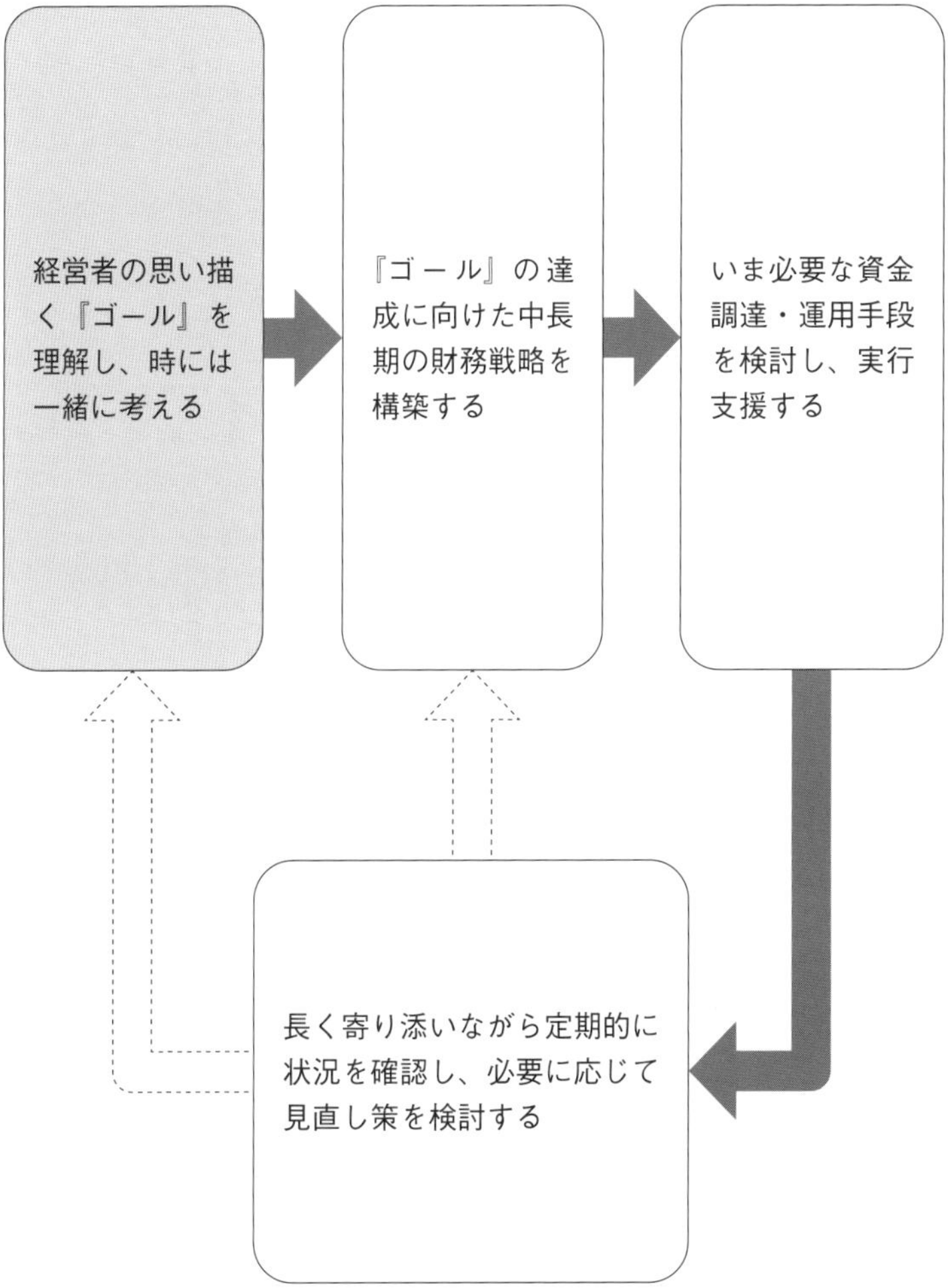

金融機関と企業とが、中長期的なリレーションを構築していくことが大事なのは、いうまでもありません。しかし、単に「取引歴が長い」から、中長期のリレーションが構築できている、というのは早計でしょう。

「期間」だけでは不十分で、「深さ」を伴った期間が必要です。

経営者と、将来の『ゴール』という目線を共有し、その実現を応援しながら、日々の活動を進めていく『ゴールベースアプローチ』という補助線を引くことで、はじめて望ましい中長期的なリレーションが構築できるように思います。

銀行の例ではありませんが、野村資産承継研究所では、この考え方に基づき、オーナー企業や資産家に向けた取組みを始めています。

4 地域金融機関の生命線

◇「当たり前」だけどできていない

法人版『ゴールベースアプローチ』（本書では、以降、『ゴールベース法人取引』と呼びます）は、ごくごく簡単にいえば、「経営者の夢を理解し、実現に向けて寄り添っていきましょう」ということです。

いっていることは、きわめてシンプルで、「当たり前」のことです。

「当たり前」のことなのですが、個人顧客への対応と同様に、できているかは別物です。

地域金融機関にヒアリングすると、「もちろん、できているケースはあります。しかし、それが多くの支店で、多くのお客さまにできているかといえば、残念ながらそんなことはないのが実態です」という声を聞きます（地域金融機関の営業現場の実態は、第6章で取り上げます）。

また、中小企業の経営者に「経営理念や目指す姿などを、取引ある金融機関に聞かれたことはありますか」と尋ねると、「そんなのが話題になったことはない」「こっちは知ってほしいので伝えるけど、銀行の担当者は、あまり興味なさそうだった」と返ってくるケースがほとんどです。

◇お客さまとの心の距離が離れている

企業（経営者）の目指す『ゴール』を理解し、そこに寄り添っていくことは、地域金融機関の本来的な強みだったはずです。

それが、いつしか、ごく一部でしかできていないものになってしまいました。

こうしたなか、フィンテックなど技術進化を受けて、異業種や新興企業による、金融領域への進出が進んでいます。当初は、個人顧客向けのサービスが主流ですが、そこだけにとどまっているはずはありません。徐々に、法人領域でも存在感を高めていくでしょう。

これらの企業は、「いま」を的確にとらえて、「便利」で「スピード感」のあるサービスを提供していきますが、「長期的」な視点に立って「経営者の思い」に「寄り添う」ことは、(少なくとも当面は)やらないはずです。

私は、異業種や新興企業のもたらす影響について、「地域金融機関が、ふだん接している中小企業の経営者の心をガッチリつかんでいれば、怖がる必要はない」と考えています。

しかし、いまはお客さまとの心の距離が、だいぶ離れているように思えます。

このままでは、法人領域でも地域金融機関の存在価値が低下してしまう日がくるかもしれません。

◇AIで銀行業務が大きく変わる

AI等の活用により、銀行員の仕事が大きく減る、すなわち、該当領域での人員が余剰になることも、想定しておく必要があります。

2017年には、メガバンクが相次いで、業務量の削減に伴う、人員再配置の見通し計画を発表しました。

●みずほフィナンシャルグループ……事務作業の無駄を省くことで、2021年度に8000人分、2026年度までに1万9000人分の業務量を削減

●三菱UFJフィナンシャル・グループ……デジタル技術を活用して2023年度までに9500人分の業務量を削減

●三井住友フィナンシャルグループ……事務の集約により2020年度までに4000人を事業部門へ再配置

3メガバンクグループ合計で、実に3万2500人分の業務量が削減されることになります。従業員数の合計は、約16万人ですから、およそ2割の規模感です。

もちろん、「業務量の削減」「人員の再配置」といっているだけで、「人員（人数）を削減」するとはしていません。それでも、2割という規模感は、銀行業務・銀行員に大きなインパクトを与え、大規模な構造変化を予感させるものです。

この波は、メガバンクからスタートしますが、やがて地域金融機関にも押し寄せてくるでしょう。

◇地域金融機関の生きる道

こうしたことをふまえると、地域金融機関が、地域から必要とされ続け、異業種・新興企業の

法人領域への進出が進んだとしても生き続けていくための道は決まってきます。

・定型的・事務的なAIでもできることではなく、人と人との対応力を高める

・地域金融機関としての原点に立ち返り、企業（経営者）の『ゴール』を理解し、実現に向け長期的に寄り添い応援しながら、資金提供やアドバイスをしていく

これ以外に、明るい将来につながる道はないように思います。

＊　＊　＊

【本章の参考文献】

『ゴールベース資産管理入門』（チャック ウィジャー・ダニエル クロスビー著、新井聡監訳、野村證券ゴールベース研究会訳、日本経済新聞出版社）

第 3 章

金融行政との整合性

1　金融行政の大きな方向性

金融庁の言動への注目が、高まっています。そこで本章では、ゴールベース法人取引と、近時の金融行政との関係性をみていくことにします。

ゴールベース法人取引は、金融行政の方向性と合致するのでしょうか。

◇金融行政の方向性と合致するもの

金融庁が毎事務年度に公表する『金融行政方針』や『金融レポート』には、「ゴールベース法人取引」や、「ゴールベースアプローチ」という言葉は登場しません。

けれども、『金融行政方針』などで打ち出されている考え方は、企業（経営者）の目指す『ゴール』の理解があってこそ実効性を伴うもので、ゴールベース法人取引は、いわば「大前提」ともいえるでしょう。

そこで、以降のページでは、金融庁の発しているメッセージのうち、地域金融機関の法人対応に関係する主要なキーワードを取り上げ、公表資料の記載内容を確認し、ゴールベース法人取引による解釈を付け加えてみます。

なお、公表資料の抜粋は、主要な一文だけを切り取って掲載するのではなく、やや長めに行っています。

なぜなら、本書を読んでくださっている営業現場の皆さん（主として支店長・営業担当者）にも、金融庁の発信するメッセージの理解を深めてもらいたいからです。

少し余談になりますが、私は地域金融機関の支店長や営業担当者を対象とした講演・研修を行う際に、「『金融行政方針』と『金融レポート』の概要を理解しているか」を尋ねるようにしています。金融庁の主要な公表資料であり、営業現場にも深く関係するものだからです。

すると、「読んだことがある」と手をあげるのは、支店長でおよそ1～2割、営業担当者では1割弱くらいしかいません。そのうちの多くは、直近まで本部の企画部門や営業統括部門に在籍していた人でした。

この結果は、想定の範囲内ではありますが、残念に思います。

もっと多くの営業現場の人に、知っていてほしいものです。

というのも、近時の公表資料は、中小企業へのアンケート結果なども載っており、地域金融機関として、「いま何が課題となっているのか」「お客さまにどのように評価されているのか」を把握したり、考えたりする格好の材料だからです。

こうしたものに触れていないと、本部が打ち出す営業施策について、背景にある問題意識を正しくとらえることができず、施策の上っ面だけを追った（効率よく点数を稼ぐだけの）活動になってしまう危険があります。さらには、日々、どのような問題意識をもってお客さまと接すればいいか、支店長であれば部下行員の指導に際してどのような点を意識したらいいか、ポイントがずれてしまうことも危惧されます。

こうした理由から、少し長めに引用しています。この機会に理解を深めてください。

2 ゴールベース法人取引流の解釈

◇顧客との共通価値の創造

2013年9月、金融庁は『中小・地域金融機関向け監督方針』のなかで、「急激な社会・経済の変化や国際規制の変更等にも対応するため、経営陣が責任ある経営判断を迅速に行う重要性が増している。同時に、各種のリスクを的確に把握した上で、5～10年後を見据えた中長期の経営戦略を検討することが重要である」というメッセージを打ち出しました。

しかし、それ以降も地域金融機関に本質的な変化はみられず、「人口減少が継続し、全ての金融機関が融資量の拡大を続けることが現実的ではない中で、依然として、長短の金利差による収益を期待し、担保・保証に依存した融資の量的拡大に頼っている金融機関については、そのビジネスモデルの持続可能性が懸念される」（2016事務年度『金融レポート』）と指摘しています。

こうしたなか、持続可能なビジネスモデルの一つの有力な選択肢として、「顧客との共通価値の創造」を取り上げています。2016、2017両事務年度の『金融行政方針』を確認してみましょう。

・金融機関のビジネスモデルに単一のベスト・プラクティスがあるわけではないが、一般的に顧客企業の事業の内容をよく理解し、企業価値向上につながるようアドバイスとファイナンスを提供することで収益を確保している地域金融機関については、金利低下が進む中においても貸出金利回りの低下幅が緩やかで、顧客基盤や経営を比較的安定させることに成功している傾向が見られる。こうした例に見られるように、金融機関が顧客本位の良質なサービスを提供し、企業の生産性向上や国民の資産形成を助け、結果として、金融機関自身も安定した顧客基盤と収益を確保するという取組み（顧客との「共通価値の創造」の構築）は、持続可能なビジネスモデルの一つの有力な選択肢であるとともに、地域経済の活性化にもつながると考えられる。（2016事務年度『金融行政方針』）

・地域企業の価値向上や、円滑な新陳代謝を含む企業間の適切な競争環境の構築等に向け、地域金融機関が付加価値の高いサービスを提供することにより、安定した顧客基盤と収益を確保するという取組み（「共通価値の創造」）は、より一層重要性を増している。

（2017事務年度『金融行政方針』）

【ゴールベース法人取引による解釈】

地域金融機関として「持続可能なビジネスモデル」を目指すからには、個々の取引先とのあいだでも、長期的に良好な関係の構築が求められます。

そして、「顧客企業の事業の内容をよく理解」するためには、現時点だけをスパッと取り出して理解するのでは足りません。

もっと長期的な視点をもち、経営者は何を目指しているのか（『ゴール』）を理解したうえで、その実現に向けた過程として、いまの取組みをとらえる必要があります。そうして、はじめて「よく理解」したといえるでしょう。

「地域企業の価値向上」も、目先の価値向上だけでは不十分です。

また、そもそも経営者の思い描く『ゴール』にそぐわないアドバイスやサービスを提供したところで実効性は低く、価値の向上にはつながりません。価値向上のためには、ゴールベース法人取引は不可欠な視点となります。

◇事業性評価

続いて取り上げるのは、金融機関の皆さんにはお馴染みの「事業性評価」です。「事業性評価シート」も作成しながら、取り組んでいることと思います。

もともとは2014年6月に閣議決定された『日本再興戦略』のなかで、日本産業再興プランの具体策の一つとして「地域金融機関等による事業性を評価する融資の促進等」が盛り込まれたのに端を発しています。

これを受け、同年9月に出された『金融モニタリング基本方針』で、「事業性評価」が登場しました。

・地域金融機関は、地域の経済・産業の現状及び課題を適切に認識・分析するとともに、こうした分析結果を活用し、様々なライフステージにある企業の事業の内容や成長可能性などを適切に評価（「事業性評価」）した上で、それを踏まえた解決策を検討・提案し、必要な支援等を行っていくことが重要である。（2014事務年度『金融モニタリング基本方針』）

・営業地域における顧客層のニーズを的確に捉えた商品・サービスの提供を行うとともに、地域の経済・産業を支えていくことが求められる。また、担保・保証に過度に依存する融資姿勢を改め、取引先企業の事業の内容や成長可能性を適切に評価（事業性評価）し、融資や本業支援を通じて、地域産業・企業の生産性向上や円滑な新陳代謝の促進を図り、地方創生に貢献していくことが期待される。（2015事務年度『金融行政方針』）

【ゴールベース法人取引による解釈】

ポイントは、「事業の内容」と「成長可能性」の適切な評価となります。

「事業の内容」は、先ほどの「顧客企業との共通価値の創造」で触れたように、経営者が何を目指しているのか（『ゴール』）の理解があって、はじめて適切な評価ができます。

「成長可能性」も、経営者の目指す『ゴール』を見据えたときに、さらに成長可能かどうか、という視点での評価が必要です。

仮に、経営者の見据えるものとは別の方向でしか成長可能性が見出せないなら、経営者とのあいだで目指す『ゴール』について意見交換をすべきです。その結果、経営者がやはり、いま心に描いている『ゴール』への思いが強く、こだわり続けるのであれば、それを尊重しながらも、事業性評価においては、その企業の成長可能性は残念ながら低いと評価すべきでしょう。

◇日本型金融排除

次は「日本型金融排除」です。

インパクトのあるキーワードで、いまの地域金融機関の融資姿勢に、警鐘が鳴らされています。2016、2017両事務年度の『金融行政方針』から引用します。

・融資に関して、金融機関からは「融資可能な貸出先が少なく、厳しい金利競争を強いられている」との主張がなされている。他方で、昨事務年度に実施した企業ヒアリングでは、顧客企業からは「金融機関は相変わらず担保・保証が無いと貸してくれない」との認識が示されるなど、金融機関と顧客企業との認識に大きな相違があることが明らかになった。このように、金融機関と顧客企業双方の認識に差異が生じている背景には、金融機関が、企業の事業内容を深く理解することなく、「十分な担保・保証があるか」、「高い信用力があるか」等の企業の財務指標を中心とした定型的な融資基準により与信判断・融資実行をすることで、そうした基準に適う一部の企業に対して融資拡大への過当競争が行われているのではないか、との指摘もある。

担保・保証がなくても事業に将来性がある先、あるいは、足下の信用力は高くはないが地域になくてはならない先は地域に存在する。企業と日常から密に対話し、企業価値の向上に努めている金融機関は、地域の企業・産業の活性化に貢献するとともに、自らの顧客基盤の強化をも実現させていると考えられる。そこで、各金融機関の融資姿勢等について、金融機関と企業の双方からヒアリング等を通じて実体を把握する。具体的には、十分な担保・保証のある先や高い信用力のある先以外に対する金融機関の取組みが十分でないために、企業価値の向上が実現できず、金融機関自身もビジネスチャンスを逃している状況(「日本型金融排除」)が生じていないかについて、実態把握を行う。(2016事務年度『金融行政方針』)(図表2)

・顧客である地域企業をみると、厳しい経営環境に直面する中で、経営改善や事業再生、事業承継等が必要な企業が多数存在している。こうした地域企業の中には、例えば、どのような経営計画・戦略を描き、それをどのように実現し、その実現のためにはどのような人材を確保す

図表2　「日本型金融排除」のイメージ図

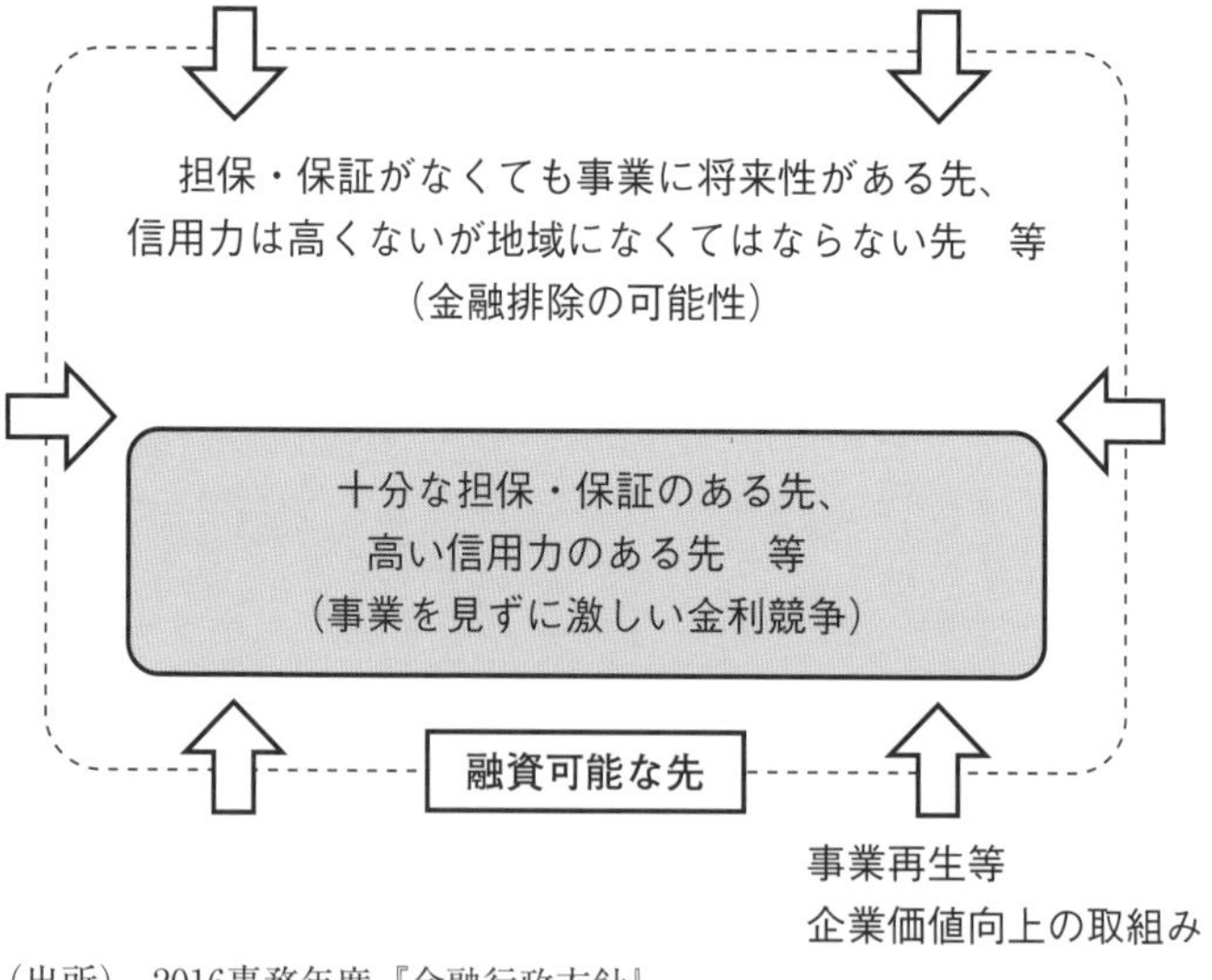

(出所)　2016事務年度『金融行政方針』

ればよいのか、また、適切なファイナンスとは何か、などが分からず、自身の価値向上が実現できていない先も多いと考えられる。また、企業アンケート調査の結果によれば、地域銀行は、総じて、こうした企業への金融仲介の取組みが不十分であるなど、「日本型金融排除」が生じている可能性が窺われた。（2017事務年度『金融行政方針』）

【ゴールベース法人取引による解釈】

担保・保証や信用力などの数字面だけでなく、事業の内容や将来性も評価したうえで、企業価値向上の支援や融資判断ができているか、という指摘です。

この点については、これまでみてきたように、経営者の目指す『ゴール』の理解は不可欠で、『ゴール』をふまえることで、将来性の的確な判断ができます。

また、地域の企業に対する、経営計画・戦略の策定支援の必要性も、うかがわせる内容となっています。戦略を検討するには、その先に何を目指すか（『ゴール』）の理解を欠かすことはできず、やはりゴールベース法人取引は必要です。

◇保証協会法の改正

『金融行政方針』『金融レポート』から離れますが、2018年4月、中小企業への信用補完制度の見直しの一環として、「保証協会法」の改正がありました。営業現場とのかかわりも大きいものなので、確認しておきましょう。

今般の改正では、信用補完制度を「中小企業の資金繰りを支える重要な制度」としたうえで、信用保証協会と金融機関の連携につき、以下の観点から見直しがされています（出所／中小企業庁ホームページ）。

・信用保証への過度な依存が進んでしまうと、金融機関にとっては、事業性評価融資やその後の期中管理・経営支援への動機が失われるおそれがあるとともに、中小企業にとっても資金調達が容易になることから、かえって経営改善への意欲が失われるといった副作用も指摘がされており、こうした副作用を抑制しつつ、中小企業の経営改善や生産性向上を一層進めていくための仕組みを構築することが必要です。
・こうした考えの下で、信用保証協会と金融機関との連携を法律上に位置づけ、中小企業のそれぞれの実態に応じて、プロパー融資（信用保証なしの融資）と信用保証付き融資を適切に組み合わせ、信用保証協会と金融機関が柔軟にリスク分担を行っていくべく、信用保証協会と金融機関との間で更なる連携を図ります。
・また、実効性を担保するため、信用保証協会向けの監督指針にもリスク分担について明記し、各信用保証協会・各金融機関のプロパー融資の状況等について情報開示（見える化）を行うとともに、今般の改正趣旨が現場レベルで浸透しているかという視点からのモニタリングを行います。

【ゴールベース法人取引による解釈】

この法改正の趣旨は、信用保証協会への過度な依存にブレーキをかけることにあります。これまでは、「保証協会がOKするなら問題なし」ということで、地域金融機関は、自身による顧客企業の深い理解や、定期的なフォローアップが不足していたことは否めません。

しかし、地域金融機関が「今後も地域の中小企業の安定的な資金調達に支障をきたさない」という役割を担い続けるうえで、少なくとも保証協会に依存できなくなる分、従前以上に顧客企業を理解することが重要になります。その際、経営者の思い描く『ゴール』から理解する必要があるというのは、これまで説明してきたとおりです。

3 目指すは「心のメインバンク」

金融庁の発する、地域金融機関の法人対応に関する主要な三つのキーワード、および保証協会法の改正をみてきました。

これらに共通することをざっくり整理すると、「担保や保証への過度な依存はもってのほか。

顧客企業を深く理解し、価値向上の支援をしなさい」ということです。

そしてこれは、ゴールベース法人取引の考えとも整合しています。

顧客企業を深く理解するには、現時点だけをとらえるのではなく、経営者の思い描く『ゴール』から理解することが必要で、その『ゴール』に近づくための企業価値の向上に向けた支援が求められている、と解釈を付け加えてきました。

ゴールベース法人取引の実践により、真の意味での「顧客との共通価値の創造」につながり、「事業性評価」に基づくファイナンスやアドバイスができ、「日本型金融排除」や「信用保証協会への過度な依存」から脱却できるでしょう。

この過程を通じて、地域金融機関と経営者のあいだには、強い絆ができあがります。それは、融資や出資など「物理的」な取引の結果としてつくられた関係性よりも、はるかに強固な「精神的」なものです。

第1章で紹介したHEAVEN Japanの松田社長は、「自分にとってメインバンクとは、いちばん親身になってくれる銀行のこと」といっていました。

これまでのような、取引金額の多寡だけをもって「融資残高が逆転して、メインバンクの座を奪った・奪われた」という思考ではなく、ゴールベース法人取引で経営者との絆を強め、信頼関係に基づく「心のメインバンク」を目指す動きが広まることを期待しています。

金融庁による中小企業アンケートから読み取れること

金融庁の公表資料に掲載されている中小企業へのアンケート結果は、営業のレベルアップ方法を考える材料を提供してくれます。

一つ例を取り上げて、考えてみましょう。

次ページの図表3は、中小企業が金融機関から「提供を受けている情報」と「提供して欲しい情報」を対比したものです。

お客さまが欲している情報の上位は〝業界動向〟などです。

それに対し、金融機関が提供しているのは、〝経済・金融・国際情勢〟や〝地域情勢〟〝金融商品に関する情報〟などが上位で、両者のあいだには差があります。

まずはこの結果をみることで、「自分がこれまで行ってきた情報提供は、お客さまが求めていた情報だっただろうか」と考えるキッカケになります。

さらに、〝経済・金融・国際情勢〟や〝地域情勢〟〝金融商品に関する情報〟などは、本当に提供する価値が低い情報なのだろうか、と考えを進めることもできます。

ちなみに、この点について私は「そんなことはない」と考えています。「情報の内容」ではなく、「情報提供の仕方」に問題があるというのが仮説です。

図表３　情報提供の内容

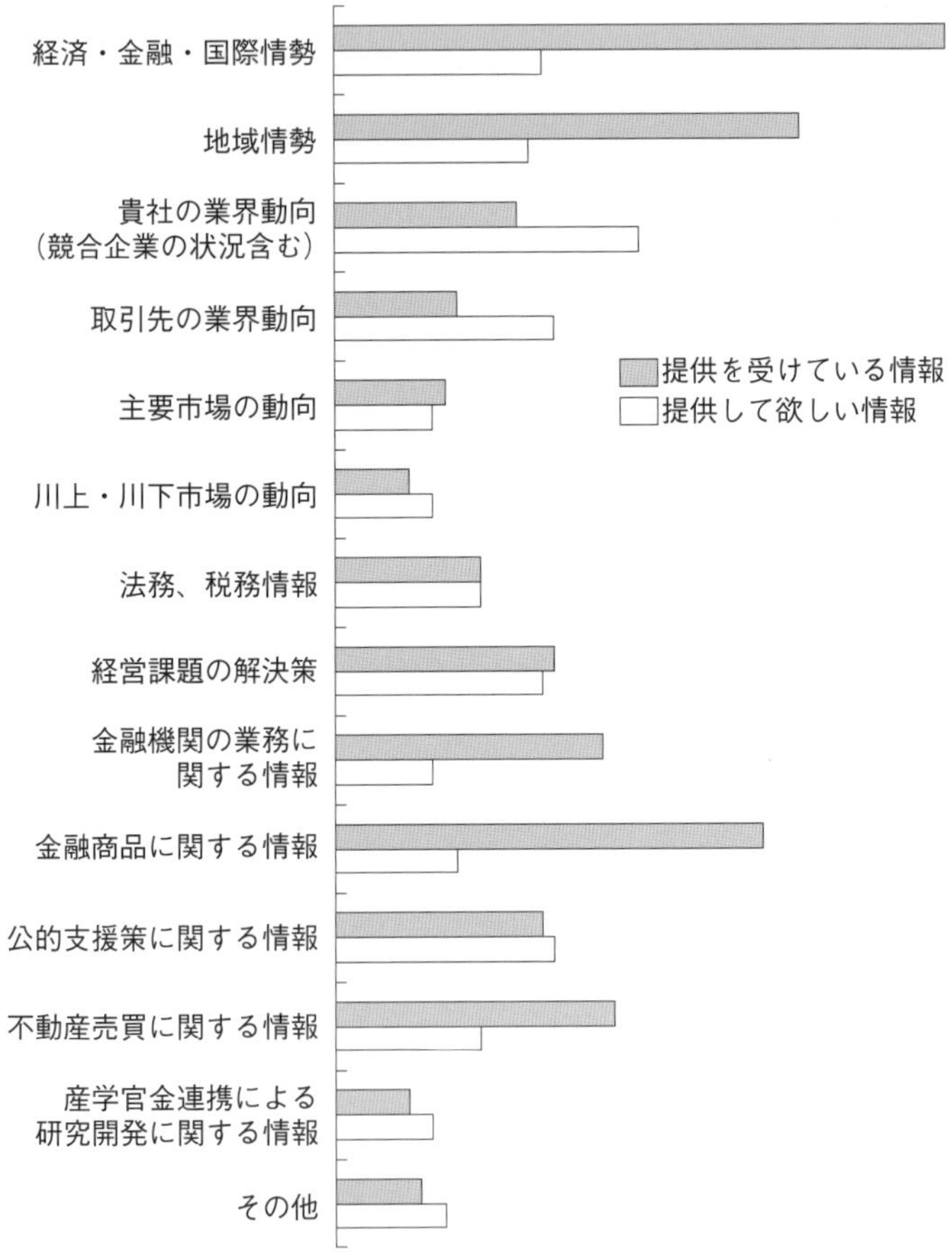

（出所）　金融庁『企業ヒアリング』

私がインタビューをした、ある中小企業の話を紹介しましょう。

その企業は、地元の三つの地域金融機関と取引があり、すべての先から、ある法律の改正を解説するセミナーの案内パンフレットが届けられたところでした。経営者は、この件に関して、次のように語ってくれました。

「金融機関からこうした案内をもらえるのは嬉しいけど、どこもパンフレットをもってきて、〝社長、よかったら参加してください〟でおしまい。この法改正が、うちの会社にどんな意味や可能性がありそうなのか、セミナーを聞くことでどういうメリットがあるのか、だれもそういうことはいってこなかった。パンフレットを配った、ということ自体が大事なのかもしれないね。もしこれで〝情報提供をした〟と思っているなら、大きな勘違いだよ」。

さて、問題があったのは「情報の内容」でしょうか、それとも「情報提供の仕方」でしょうか。

英語のinformation（インフォメーション）もintelligence（インテリジェンス）も、「情報」という訳があります。ニュアンスは、インフォメーションが加工前の乾いた情報に対し、インテリジェンスは解釈を加えた情報・相手にフィットする意味合いを加えた情報です（ちなみに、映画によく出てくるCIA＝アメリカ中央情報局は、Central Intelligence Agencyの略です）。

単に資料を渡すのではなく、相手の会社ならではの一言二言を加える（インフォメーションをインテリジェンスに進化させる）ような「情報提供の仕方」ができれば、〝経済・金融・国際情勢〟のマクロ情報も、経営に有益な情報提供と受け止めてくれると考えます。

＊　＊　＊

【本章の参考文献】

『米軍式　人を動かすマネジメント』（田中靖浩、日本経済新聞出版社）

第Ⅱ部

ゴールベース
アプローチで行うこと

第 4 章

優れた企業の要件

1 優れた企業が考えている六つの要素

第一部では「ゴールベースアプローチとは何か」と題して、取引先企業の経営者が思い描く『ゴール』をともに見据え寄り添うこと、そして、時には『ゴール』自体や、実現に向けた戦略・戦術を経営者と一緒に考えることの必要性を確認しました。

そうなると、地域金融機関として適切なサポートをするには、『ゴール』や戦略・戦術などの「全体像」と「意味合い」を知っておくこともまた、必要となります。

そこで本章では、『ゴール』から戦略・戦術までの「あるべき基本形」を、事例も交えながらみていくことにしましょう。

◇「ココロ」と「カラダ」

優れた企業は、経営者の目指す『ゴール』と、それを実現させるための「具体策」とを兼ね備えています。

この『ゴール』から「具体策」までを教科書的にみると、「経営理念」「ビジョン」「バリュー」「ビジネスゴール」「戦略」「戦術」の六つの要素から成り立っています。

そして、優れた企業は、六つを別個バラバラではなく、一貫したものとして考えています。一見すると当たり前のようですが、案外と、一貫性なくつくられているケースも珍しくありません（皆さんの勤務先は、大丈夫ですか）。

さらに、これら六つの要素は、大きく二つのグループに分けることができます。

経営理念・ビジョン・バリューの3要素からなるグループと、残りのビジネスゴール・戦略・戦術からなるグループです。

前者は経営者の思いに関するものなので「ココロ」のグループ、後者は具体化にかかわるので「カラダ」のグループと呼ぶことにします。

なお、本書ではここまで『ゴール』という言葉を、ややあいまいな定義のまま使ってきました。イメージとしてむずかしいものではないので支障はなかったはずですが、六つの要素に照らし整理をすると、『ゴール』は「ココロ」のグループ（経営理念・ビジョン・バリュー）となります（図表4）。

それでは、以降のページで六つの要素がどういうものかみていきます。

大事な点を最初に注意しておくと、どの企業も必ずしも六つすべての要素が明確になっている必要はありません。要素の切り分け方も、私は六つに分けましたが、ほかにも考え方はいくつも

図表4　優れた企業が考えている六つの要素

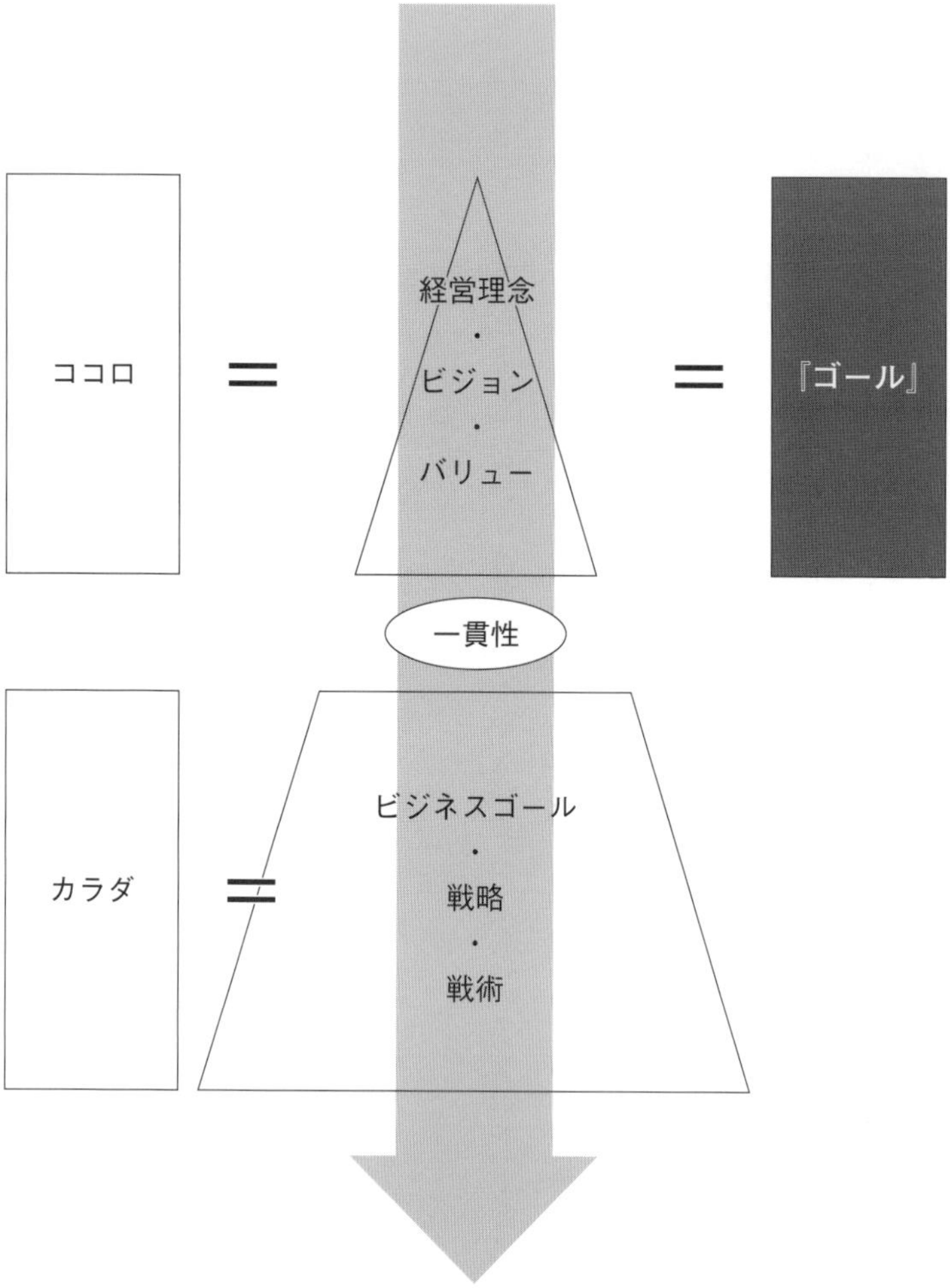

あります。経営理念やビジョンといった呼称自体も、定義する内容も、絶対的な正解はありません。

そのため、細部にこだわったり、むずかしく考えすぎたりせずに、「こういうものか」と大意をつかめれば大丈夫です。

2 「ココロ」――経営理念・ビジョン・バリュー

まずは、「ココロ」のグループです。

経営理念・ビジョン・バリューの定義から確認しましょう。

●経営理念……企業が、長期にわたり大事にしたいと思う価値観。本質的かつ普遍性をもつもので、変更されることは少ない

●ビジョン……企業をとりまく環境変化もふまえながら、「こうありたい」とか、「こうなりたい」と思い描く姿

●バリュー……判断や行動にあたり、企業として大切にしたいこと

先ほど注意したように、呼称も定義も会社によって違います。

ある企業では経営理念をビジョン・ミッション・バリューから成り立つものと定義しています。経営理念のことを社是と呼ぶケースもあります。こちらの企業で経営理念と呼んでいるものが、あちらの企業ではビジョンと呼ばれていることもあります。バリューのかわりにコミットメントやミッションを定めている企業もあります。

どれが正しい、どれが間違っている、というものではありません。

細かな定義や違いにこだわる必要はないのです。

企業や経営者が「大事にすること」や「思い」「姿勢」「進みたい大きな方向性」が表現されているものと理解してもらえれば十分です。

とはいえ、定義の説明だけではわかりにくい点もあると思いますので、事例をみていきましょう。

◇〝人〟にフォーカスした「ココロ」

【河合電器製作所】

河合電器製作所は1929年創業の、愛知県に本社を構える工業用電気ヒーターの開発、および「熱」に関する技術全般のコンサルティングサービスを提供する会社です。

同社は、2017年に、厚生労働省が主催する「第1回 働きやすく生産性の高い企業・職場表彰～魅力ある成長企業賞～」で、中小企業部門で唯一となる最優秀賞（厚生労働大臣賞）を受賞し、今後はさらに世の中の範となることが期待されています。

しかし、代表取締役社長の佐久真一さんが、先代のお父上から引き継いで2007年に社長に就任した当初は、佐久社長自身にとって働きやすい会社ではありませんでした。「なぜ社員は、自分のいうことを理解できないのか」と苛立つことも、珍しくなかったそうです。

ところが、佐久社長が自らの弱みや悩みを経営幹部に打ち明けたり、思い切って若手社員に採用活動を任せたりしているうちに、徐々に会社の雰囲気はよい方向に変わっていきます。

ある日、社内会議が終わったあとに、若手社員が佐久社長の誕生日を、サプライズで用意したケーキで祝ってくれました。社長に就任してからのギスギスした関係からは考えられない出来事に、驚き、喜び、そして、ようやく「一体感のある会社になった」と嬉しく思ったそうです。

そんな佐久社長が掲げている、河合電器製作所の経営理念・ビジョン、そして価値観（バリュー）をみてみましょう。

＊　＊　＊

●経営理念……優しさと温もりと共に「新しい熱」を創造します

・1　私たちは、誠実に誇りを持って仕事をします
・2　私たちは、相互に助け、尊重し合います
・3　私たちは、人間力を養います
・4　私たちは、職業能力（プロフェッショナルスキル）を磨き合います
・5　私たちは、関係者全員が幸せになるビジネスを正々堂々と行います
・6　私たちは、地球環境を守る活動をします

●ビジョン……製造業をもっとおもしろくしよう！

●価値観（バリュー）

・製造業を、もっと自由に、もっとおもしろくしたい。

効率を優先して、ものごとをルールで管理することは簡単です。しかし、縛られた枠の中では人の心は動きません。製造業の世界はそうあるべきではない。なぜなら、ものづくりの原動力は「心の動き」だと考えるからです。

一人ひとりがアイデアを活かし、自らの意志でなにかを創りあげたときこそ、心を揺さぶる感動や達成感が生まれるのです。当然ながら価値観は一人ひとり違います。大切なのは、それをルールで縛るのではなく、お互いに認め合い、補い合うことだと思

うのです。

古い固定概念を取り払い、ものづくりに関わる人々が、わくわくできる幸せな未来を創りたい。製造業をもっと自由に、もっとおもしろく。それが、河合電器の願いです。

・暖炉のような存在でありたい。

温かな場所には、人が集まります。心地よさに頬がゆるみ、火に手をかざしながら、ふだんなら話さないようなことも、ごく自然に語り合うことができる。河合電器が、そんな「暖炉」のような存在であれたらうれしい。そこに垣根はありません。ものづくりとは、それぞれのプロフェッショナルが知恵や技術を出し合い、力を合わせて形にしていくもの。だからこそ、会社や業界の枠など取り払って、人が集まる魅力的な場をつくりたいのです。

「おもしろそうなことやってるね」

「ちょっと話を聞いてみたいな」

そんなふうに感じてもらえるような、離れた場所から見ても、いつも温かな火がぽっとともっている。その火を絶やさぬ存在でありたいと思います。

・仲間として共に歩き、共に創っていきたい。

お客さまと「向き合う」よりも、常に寄り添い、おなじ方向をめざして歩いていきたい。それが河合電器のモットーです。「どんなものを創りたいのか。世の中をどう変えたいのか。」という夢やビジョンを共有し、一緒にものづくりの世界を楽しんでいきましょう。ひとりや一社ではできないことも、お互いの得意分野を出し合えば、かならず前進できると信じています。

河合電器が目指しているのは、求められた答えをただ提示することではなく、予想以上の価値を共に創りだしていくこと。その先には、うれしい驚きや、心躍る未知の世界が広がっているはずです。これからは「提供する側・される側」ではなく、「仲間」として肩を並べて、おなじゴールをめざしていきたいと思います。

＊　＊　＊

製造業には、伝統的に「先端技術」や「新たな商品」といった物質的な価値観があります。また、宿命としてQ（クオリティ・品質）・C（コスト）・D（デリバリー・納期）がついてまわります。もちろん、これらは大事です。

しかしそれ以上に、人の感情や、仲間としての関係性を重視して、みんなで「ものづくり」を楽しんでいきたいという佐久社長の思いが、はっきりと読み取れる経営理念・ビジョン・価値観になっています。

河合電器製作所は、「働きやすく生産性の高い企業・職場表彰」の最優秀賞を受賞しましたが、もちろんこれは通過点の一つでしかありません。

さらに前へ行くために、社員の人間力や個性・価値観の醸成、そして成長を後押しするための取組みを、いくつも行っています。

たとえば、社外セミナーへの参加を積極的に奨励したり（佐久社長と経営幹部、若手社員が、同じ社外セミナーに参加することも珍しくありません）、佐久社長自らが全国の営業所・工場をまわり、四書五経の一つである『大学』を用いた勉強会を定期的に行ったり、1年間頑張った社員が、佐久社長を含む全員の前で、自らの頑張りを発表し自慢する場を設けたりもしています。

人のつながりや、わくわく感を大事にしたいという「ココロ」をもっている河合電器製作所が、5年後・10年後に、どのような進化を遂げているか楽しみです。

◇〝技術・先進性〟にフォーカスした「ココロ」

誤解がないようにしておきますが、経営理念などは経営者の「思い」であり「哲学」ですから、公序良俗に反しない限り「良い」「悪い」はありません。

河合電器製作所は、製造業でありながら「人」に焦点を当てていましたが、もちろん製造業で

「技術」や「先進性」に焦点を当てている会社もあります。

たとえば、セブン・ドリーマーズ・ラボラトリーズは、「世の中にないモノを創り出す技術集団」を標榜していて、これまでに三つの製品を公開しています（本書執筆時点）。

・世界にたった1本だけの、完全受注設計・生産のゴルフシャフト

・睡眠時のいびきや無呼吸を低減するために、鼻から挿入するチューブ状の一般医療機器「ナステント」

・洗濯物を入れるだけでロボットアームがきれいに洗濯物をたたみ（全自動衣類折りたたみ機）、人工知能が衣類の特徴を覚えて家族ごとの棚に分別し（オンラインクローゼット）、保存されたデータや画像をもとにコーディネイトを提案（衣類コンシェルジュ）する「ランドロイド」

三つの分野がまったくバラバラなのは、「世の中にないモノ」をつくるには、特定の分野に絞るとテーマを見つけることが困難になるからです。また、「世の中にないモノ」でなければ意味がないので、研究を開始したテーマについての先行研究を見つけたら、そこで検討は終わりになるそうです。

そんなセブン・ドリーマーズ・ラボラトリーズの価値観を表す言葉が、阪根信一代表取締役社長のメッセージとして、同社のホームページに掲載されています。紹介しましょう。

＊　＊　＊

本気で挑戦しているみなさまへ

世界中の国々や企業がイノベーションを起こしたいと願っています。

しかし、本当のイノベーションを起こす事ができる企業は極稀です。


本当のイノベーションとは何か？

それは、世の中にないモノを創り出すこと、
すなわち〝0〟から〝1〟を生み出すことだと私達は考えています。

挑戦するテーマを掲げた時、

「そんなことできるはずがない」と反対意見が多ければ多いほど良いテーマだと言えます。

誰のモノマネでもなく、暗闇を試行錯誤しながら、
全く教科書のない道を自ら斬り開き、
アイデアと情熱で誰も成し得なかった新たな技術や製品を生み出すこと。

その挑戦の軌跡がイノベーションです。

セブンドリーマーズがもし、人のモノマネをしようとしたり、他社製品の改良版や廉価版の開発を手掛けて儲けたいと少しでも考えたならば、それは、セブンドリーマーズという会社が解散する時です。

想像できることは必ず実現できる。

世界一、イノベーティブな会社へ。

＊　＊　＊

河合電器製作所、そしてセブン・ドリーマーズ・ラボラトリーズの例を通じて、「ココロ」に当たるものがどういうものか、感覚をつかんでいただけたと思います。

3 「カラダ」――ビジネスゴール・戦略・戦術

「ココロ」が明確であっても、それを実現させるための道筋がみえていなければ、ただの夢物語になってしまいます。

この道筋が「カラダ」（ビジネスゴール・戦略・戦術）です。先ほどと同様に、定義を確認してみましょう。

●ビジネスゴール……主として定量的に測ることができる目標
●戦略……持続的な競争優位性を構築して、中長期的に企業を成長に導く全体構想
●戦術……戦略を構成する、より具体的な手段・方法

「カラダ」の3要素も、定義は多様です。感覚でつかめていれば十分です。

そして、「カラダ」で大事なことが二つあります。順にみていきましょう。

まずは、「ビジネスゴール」についてです。

これは、ゴールという名前こそついていますが、「ココロ」で取り上げた〝こういう企業にし

たい〟という思いとは意味合いが異なることに注意してください。

たとえば、「御社をどういう会社にしたいですか」という問いかけに対して、「売上げ100億円規模の会社」とか、「日本でナンバー1」と答える経営者もいます。それ自体は、回答としては間違っていません。

ただし、これは経営理念やビジョンなどの「ココロ」ではなく、あくまでもビジネスゴール（目標）にすぎないということです。ここを取り違えないようにしてください。

ポイントの二つ目は、「カラダ」が「ココロ」を実現するためのものになっているか、です。

残念ながら、「ココロ」と「カラダ」が別個のものとして切り離されている姿を、よく目にします。

経営理念やビジョンなどの「ココロ」を起点にするのではなく、売上げや利益の目標から逆算して、達成のためには、こんなことをやらないといけない、と「カラダ」がつくられているのです。

こうしたケースでは、中期経営計画などの一定期間を走り抜いて、数値目標は達成したものの、〝こういう企業にしたい〟という「ココロ」にはまったく近づけていない、という悲しいことが起こりがちです。

ちなみに、A・T・カーニーの考える「戦略の要件」は次の八つです。

①　経営理念・長期ビジョンを具現化するためのものであること
②　全体最適であること
③　整合性がとれていること（環境と自社／全社と各事業／施策間）
④　競合に対する優位性構築に資すること
⑤　プライオリティ（優先順位）が示されていること
⑥　明快・明確であること
⑦　持続性があること
⑧　たとえ難易度は高くとも実現可能であること

覚える必要はありませんが、お客さまの戦略を確認したり、時には策定を手伝ったりすることもあると思いますので、理解はしておいてください。

4　どの業界にも通じること

企業活動をする以上、「ココロ」と「カラダ」は両方とも、意味あるものとして機能しているのが望ましい姿です。

特に「ココロ」は、形骸化や軽視、もしくはそもそも明確になっていない企業もあります。しかし、一部の業界や、一定以上の規模の企業などだけが整備していればいいものではありません。

実際に、農業であっても、思いが込められた「ココロ」を掲げている企業はあります。農事組合法人のたいよう農園を事例として紹介しましょう。

【たいよう農園】

たいよう農園（愛媛県）は、養豚・農業を中心としたコングロマリット「太陽ファームグループ」の基幹の一つである、農業分野を担う会社です。

もともとのグループの発祥は、養豚事業でした。しかし、代表理事の本田和也さんは、基幹産業として日本を支えてきた農業が、いまでは耕作放棄地の拡大、就業者の減少と課題を抱え、有効な解決策を見出せていないこと、そして地元地域が人口と事業所の減少に直面していることに危機感を覚えます。

そこで、「農業の未来をつくりたい」「理想の農村をつくりたい」、さらに「地域の課題に農業で対応したい」と大志を掲げ、農業への進出を決意しました。

農業に進出後は、愛媛県内で担い手のない農地の買収や賃借により農業の大規模化を進め、いまでは県内の15カ所で、5〜20ヘクタールの野菜農園を運営し、キャベツ、タマネギなどを栽培しています。従業員も約80名と、地域における雇用の大きな受け皿となっています（数字はいずれも、本書執筆時点）。

そんな本田代表の思いが込もった、たいよう農園の社訓をみてみましょう。

＊　＊　＊

●社　訓

――目的……農業の未来を創る事です。

――理念……国家の期待を遥かに超える事です。

――行動……メガファームを創る事です。

――質問……それは世界に通用しますか。

――信条……国を耕す会社です。

＊　＊　＊

本田代表の普遍的な価値観は、「社会的価値の大きな事業に取り組むこと」、そして「日本の農業を守ること」だそうです。社訓に、新たな農業のモデルをつくりたいという思いが込められているのが、しっかりと伝わってきます。

そして、社訓が決して飾り物にはなっていません。「不確実なことを前にしたときに、ゴーサインを出すのが社訓」だと言い切っておられます。

また、社訓は人づくりにも活用されていました。

たいよう農園の働き手のほとんどは、若い世代です。単なる作業者ではなく、やりたいことの提案やアイデア出しも、積極的にしています。

そんな彼ら彼女らから出てきた提案・アイデアに対して、本田代表は「それは世界一か」「それは国家のためになるのか」と問いかけ続けているそうです。若いうちから高い視座をもった人材となるように鍛え、そして次世代にＤＮＡを引き継いだ若者を一人でも多くつくれるようにしたいからです。

こうした経営者の思いがあるので、金融機関も『ゴール』の実現に向け応援しています。

たいよう農園の取引銀行の一つである、愛媛銀行三瓶支店の橋田哲也支店長は、「農業分野には地域を活性化する可能性が十分に秘められている。たいよう農園は、農業を通じて、地域を元気にしようと事業に取り組んでいる企業であり、地元の地域金融機関として今後も全力で応援していきたい。本田代表の思いを理解し、当行が培ってきた知見やネットワークを最大限に活用して、少しでも役に立つ情報提供や提案、本業支援ができるよう、一生懸命に考えています」。

取引先企業の『ゴール』の実現に向けて、地域金融機関も一緒に考え成長していく。

これも、中小企業と地域金融機関をつなぐ、理想的な姿のように思えます。

＊　＊　＊

【本章の取材協力】（敬称略）

株式会社河合電器製作所　代表取締役社長　佐久真一

農事組合法人たいよう農園　代表理事　本田和也

愛媛銀行　三瓶支店長　橋田哲也

第 5 章

ゴールベースアプローチによるサポート

1 取引先の『ゴール』に寄り添ってきたか

前章では、優れた企業が兼ね備えている「ココロ」（経営理念・ビジョン・バリュー）と「カラダ」（ビジネスゴール・戦略・戦術）の6要素を確認しました。

そして、ゴールベース法人取引の起点となる『ゴール』は、経営者の思いが詰まった「ココロ」のことだと定義しました。

さて、ここでいったん、立ち止まって考えてみましょう。

皆さんが担当する企業は、「ココロ」と「カラダ」の6要素が考えられていますか。

「ココロ」と「カラダ」は、一貫性あるものとなっていますか。

担当者として、それらを理解していますか。

そして、経営者の思い描く『ゴール』（＝「ココロ」）に寄り添ってきましたか。

2 地域金融機関のもつ力

◇中小企業は「社会の主役」

地域金融機関の主たる顧客層である中小企業は、大企業に比べると、資金も人材も豊富ではありません。環境変化の影響も、受けやすい立場にあります。

しかし、地域を、そして日本を支えているのは紛れもなく中小企業です。

『中小企業憲章』の表現を借りれば、中小企業は「社会の主役」であり、「国家の財産ともいうべき存在」です（全文を、後段に参考として掲載しています）。

だからこそ、政府が中核となって「国の総力を挙げて」中小企業をサポートしていく決意が『中小企業憲章』には示されています。一義的なサポートの主体は国ですが、地域金融機関も当然にその役割の一端を担っていると考えるべきでしょう。

◇「社会の主役」を手助けする力

皆さんが日々、どこまで意識しているかはわかりませんが、地域金融機関には大きな力があります。力とは、権力という意味ではなく、「社会の主役」である中小企業を手助けする力です。資金供給による事業のサポートはいうまでもなく、経営者に行動を促したり、引っ張り上げたり、時には自制を勧めるだけの影響力があります。経営者を育てることも、ともに歩むことで高みに連れていくこともできるでしょう。また、放置しておけば倒産を免れない企業を、立て直しうる力ももっています。

こうした力をもっているからこそ、地域金融機関は、企業（経営者）をサポートすることが求められます。

そして、そのために有効なのが、短期的な視点を超え、経営者の思い描く『ゴール』を理解し、共感したうえで、長期にわたり寄り添っていくゴールベース法人取引なのです。

地域金融機関が寄り添うなかで、中小企業が1社でも多く『ゴール』を実現することができれば、その企業だけでなく、地域も元気になっていきます。それは、地域金融機関として何よりも嬉しいことのはずです。

そこで、次節からゴールベース法人取引に基づいて、地域金融機関が中小企業に提供できるサポート内容を確認していくことにしましょう。

3　「ココロ」の理解と検討支援

◇経営者の思い描く『ゴール』の理解がすべての起点

ゴールベース法人取引というからには、スタートは経営者の思い描く『ゴール』を正しく理解し、経営者と同じ目線・認識に立つことです。

「この会社の目指すところは、完全に理解できている」と自信満々であれば次のステップに進んでかまいません。しかし、そうでなければ、まずは経営者に聞いてみましょう。

「社長は、この会社を将来、どういうふうにしたいのですか」

「御社の提供している商品・サービスを使って、世の中にどんなインパクトを与えたいと考えていますか」

時には、「経営理念」などが書かれた会社案内を渡されることがあるかもしれません。その場合でも、会社案内を読んで理解するだけでなく、その『ゴール』を据えた背景などを聞いてみましょう。目でみるだけよりも、はるかに深く正しく経営者の思いを知ることができるからです。

◇経営者は『ゴール』を話したがる

「質問しても、教えてくれるだろうか」と不安に思うかもしれませんが、大丈夫です。経営者は「話を聞く」よりも、「話をする」のが好きです。

もちろん、前提として「自分が話をしたい内容」であれば、です。経営者の思いが詰め込まれている「経営理念」などの『ゴール』は、話をしたいことの典型といえるでしょう。

ちなみに、私はこれまで、地域金融機関のご紹介を受けて300名以上の中小企業の経営者にインタビューをしてきました。1時間から1時間30分の時間をいただきインタビューを行うのですが、経営者によっては、会話のキャッチボールがうまくいかずに重い雰囲気となってしまい、知りたいことが聞けていないのに、この先を続けるのが厳しい状況になってしまうこともあります。

こうしたとき、私は「ところで」と話を転換させて、経営理念や、その背景、具体的なエピソードに苦労話などを聞くようにしています。

すると、いままでの一問一答のような重い語り口からは一転して、饒舌に多くを語ってくれます。「へぇ、そんな大変なことがあったのですか」「なるほど、だから経営理念にこの言葉が入っているのですね」と、興味をもって話を聞いていると、次第に経営者も心を開いてくれ（人は、たくさん話を聞いてくれた相手には好意をもつものです）、インタビューで聞きたかったことにも、スラスラと答えてくれるようになります。

このように、「経営理念」などは、経営者が「話をしたい内容」です。ゴールベース法人取引の入り口として、ためらわずに話を聞き、理解しましょう。

◇『ゴール』を一緒に考えることもある

事例で紹介してきた会社のように、明確な『ゴール』をもっている経営者であれば、質問をすれば教えてくれます。

しかし、『ゴール』がまったく考えられていないことも、存在はしているものの形骸化していることもあります。

後者は、二代目以降の経営者にありがちなケースです。いずれにしても、今日明日の商売のことで目一杯になってしまい、『ゴール』を設定できていない中小企業は、意外と多くありそうです。

こうした場合は、考えることを促したり、一緒に考えたりするようにしたいものです。

個人の資産運用に関する『ゴールベースアプローチ』は、相手が目標を設定できていないときには、目標設定から寄り添うことを想定しています。法人に対しても同様に、『ゴール』設定を一緒にすることがあっていいでしょう。

◇まず知りたいのは「ココロ」

「会社をどういうふうにしたいのですか」という質問への回答が、先ほど触れたように「ココロ」に当たる『ゴール』ではなく、「売上100億円企業になりたい」「全国シェアで1位になりたい」「海外でのビジネス割合を5割にしたい」など、「カラダ」の一部である〝ビジネスゴール〟のこともありえます。

こうした回答があったときは、まずはいったん受け止めてください。

そのうえで、「その目標が実現したときに、会社はどういう状態になっていると嬉しいですか」「その結果として、世の中にどんなインパクトを与えることができていそうですか」「実現に向けて、大事にしたい価値観やこだわりはありますか」など、「ココロ」につながりやすい質問をしてみましょう。

経営者に思いがあれば、教えてくれるはずです。

◇よい質問は気づきを与える

他方で、経営者にしっかりとした思いがなければ、あいまいな答えだけが返ってきます。しかし、まずはそれでもかまいません。

この質問は、経営者の頭に残り、経営者が考えるキッカケになるからです。

私自身の恥ずかしい経験で恐縮ですが、「どういう会社にしたいのか」という質問に対して、咄嗟に口から出た言葉が、経営理念でもビジョンでもバリューでもなく、はたまたビジネスゴールですらなかったことがあります。

まだ独立をぼんやりと考え始めた当初のことでした。友人から受けたこの質問に、私は「ビジネスが順調に動くようになっても規模は拡大しないで、コンサルタントは自分一人のままの会社にしようと思っている」と回答してしまいました。いったそばから、「あれ、こんな回答でいいのか」とモヤモヤした気持ちになったことを覚えています。経営理念やビジョンなどのイメージをもってはいましたが、友人の質問がキッカケとなり、うまく言語化ができるほど考え込めていなかったことに気づかされたのです。

また、第1章で紹介したHEAVEN Japanの松田社長を「理念経営」へと転換させたキッカケの一つも、先輩経営者の「君の会社は、だれのためにある会社なの」という問いかけでした。

よい質問は、相手に気づきを与えます。

それが、経営者を高みに連れていく一歩にもなりえます。

ゴールベース法人取引の最初のステップとして、経営者の描いている『ゴール』を問いかけてみてください。

4 「カラダ」の理解と検討支援

◇「ココロ」と「カラダ」がつながっているか

「ココロ」に当たる『ゴール』が明確になったら、次は「カラダ」（ビジネスゴール・戦略・戦術）です。

第4章で確認したように、「ココロ」と「カラダ」が整合してつながっていることが大事です。『ゴール』と違い、ビジネスゴールも戦略も戦術も、あるかないかでみたら、ほとんどの企業で何かしらのものはあります。

だからこそ、

・「ココロ」とつながっているか
・有効なものになっているか

と少し踏み込んだ視点で確認してみてください。

ところで、先に紹介した2017事務年度『金融行政方針』に、次の記述があったのを覚えているでしょうか。

「顧客である地域企業をみると、厳しい経営環境に直面する中で、経営改善や事業再生、事業承継等が必要な企業が多数存在している。こうした地域企業の中には、例えば、どのような経営計画・戦略を描き、それをどのように実現し、その実現のためにはどのような人材を確保すればよいのか、また、適切なファイナンスとは何か、などが分からず、自身の価値向上が実現できていない先も多いと考えられる」

これをみると、「カラダ」についても、寄り添うなかで策定を手助けすることは、大きな価値につながりそうです。

◇ディスカッションパートナーになろう

「戦略などの策定を手助けしよう」といっても、『ゴール』につながりうる、効果的な戦略を描く手助けは、地域金融機関であっても容易ではありません。

「業界については経営者のほうが詳しいから、自分たちが支援できるものではない」と思うかもしれません。だからといって、何もしないのでは、経営者を支えることも、企業の価値向上につなげることもできません。

ではどうすればいいか。

むずかしく考えすぎず、いい意味で割り切って、できることをやりましょう。

その一つの方策は、経営者のディスカッションパートナーになることです。

経営者に対して、地域金融機関の側から戦略の叩き台を提示するのはむずかしいですが、経営者の考えに対して、「気づいたことを投げ返す」のなら、まだハードルは低いでしょう。

うまくいくコツは、「偉大なる素人」の目線です。

「専門知識がないから、よいフィードバックができない」と臆する必要はなく、業界に詳しくない素人の立場で、「聞いてよくわからなかった点」や、「本当に勝てるのか確信をもてなかったこと」を投げかけてみれば大丈夫です。

経営者は、日々、その事業に向き合っているがゆえに、ともすると視野が狭くなり、重要な点を見落としてしまうことがあります。だからこそ、その業界に詳しくない人からの「素朴な質問」は、本質を突くことも多く、大きな気づきにつながります。

また、質問に答えることで、経営者の頭がだんだんと整理されていき、おぼろげに考えていたことが、「そうか！　これか！」と戦略としてかたちづくられていくことも珍しくありません。

その他のテクニックとしては、経営者に、まずは目指したい『ゴール』と、その実現に向けて想定される「ハードル」や「懸念点」を語ってもらうのも、有効な手立てです。

ハードルや懸念点が明確になれば、それを乗り越えたり、回避したりするために何ができそうか、とポイントを絞った具体的なディスカッションができるので、戦略を一緒に考えやすくなるからです。

まずは、ここまでのステップを通じて、「ココロ」と「カラダ」の6要素について、しっかりとした理解、ないしは検討のサポートをすることで、経営者の考えを可視化・言語化してみましょう。

5 財務戦略の構築と実行支援

「ココロ」(=『ゴール』)と「カラダ」が明確になったら、次にゴールベース法人取引で行うべきことは、『ゴール』の実現を財務面から支える財務戦略を構築し、その時々に必要となる資金調達や運用手法を検討・実行支援することです。

◇『ゴール』を見据えたアドバイス

経営者と『ゴール』の目線をあわせることで、地域金融機関の営業担当者の対応は、目先の案件獲得や、いまみえている現実からの発想ではなく、『ゴール』を見据えたものへと転換しなければ意味がありません。

同じ業界、同じライフステージにある企業でも、経営者の見据える『ゴール』が違えば、当然ながらアドバイスの内容も変わり、それぞれの企業にふさわしいものとなります。

例として、創業間もない企業で考えてみましょう。

開業当初より、コツコツと利益を積み上げる企業は、地域金融機関からみて、とても安心できます。

黒字決算の実績を重ねることで、融資も行いやすくなるので、赤字とならないようアドバイスします。派手さはなくても、地域の人に長く親しまれる会社にしたいと思う経営者には、じつに適切なアドバイスといえるでしょう。

他方で、同じく創業間もない企業でも、経営者の描く『ゴール』が、世の中に新たなサービスを提供することで「不」（不便・不満・不安・不信など）の解消を手助けしたい、というもので数年内のＩＰＯをビジネスゴールとしている場合はどうでしょうか。

この企業に、銀行員として染み付いた価値観（ＤＮＡ）で「コツコツ利益を積み上げましょう」とアドバイスをしたら、経営者の『ゴール』は叶わない（もしくは、経営者からパートナーとして不適格の烙印を押され、相手にされなくなる）でしょう。

この場合、『ゴール』の実現に向け大事なのは、当初は赤字を出したとしても、投資やチャレンジをしていくことです。特にＩＴ系の企業は、ビジネスが軌道にのるまでは、多額の先行投資も不可欠です。また、こうした企業の価値（＝資金供給の根拠）は、開業当初の利益額ではなく、将来の爆発的な成長に向けた基盤（登録ユーザー数など）にあります。

そう考えると、先行投資のための資金づけを「融資」で行うことには限界があります。まだ実績の乏しい企業のため、多額の融資を受けられる可能性は低く、結果として中途半端な投資しかできずビジネスも失敗に終わる危険性が高くなるからです。

資金供給面での適切なアドバイスは、「融資」よりも「株式」（エクイティ）の活用を勧めることであり、金融機関のもつ外部ネットワークを使い、ＶＣ（ベンチャーキャピタル）や、エンジェル（個人投資家）とつなぐことが付加価値となります。

「地域の人に長く親しまれる会社にしたい」と思う経営者とは、見据える『ゴール』が違うため、アドバイスもまったく別のものとなるわけです。

◇ファイナンスは『ゴール』実現の手段

ゴールベース法人取引において、ファイナンスは『ゴール』を実現するための手段です。企業・経営者によって『ゴール』の内容は多岐にわたるため、手段としてのファイナンス（資金づけだけでなく、ここではソリューションも含めたものと定義します）も、これまでのような設備資金・運転資金としての伝統的な「融資」だけではカバーできず、

・エクイティファイナンス
・新規株式公開（ＩＰＯ）
・貿易金融
・Ｍ＆Ａ（合併・買収、売却、経営統合、ＭＢＯ、事業再編）
・余剰資金の運用

など、いわゆるコーポレートファイナンスと呼ばれるものまで多岐にわたってきます。カバー範囲をふまえると、従来型の銀行よりも、投信銀行に近いともいえそうです。

もちろん、地域金融機関でこれらすべてを自前で提供できる必要はありません。相談や紹介が可能な外部専門家に、「適切に」つなぐことができれば大丈夫です。

ただし、「適切に」つなぐためには、経営者の目指す『ゴール』実現に向け、ふさわしいファ

イナンス手法を想起できることは求められます。

支店の営業担当者、もしくは本部の支援部署の要員は、従来型の融資「以外」のファイナンス知識について、ビジネスと結びつけたかたちでもつことは必要でしょう。

◇計画的なファイナンス

これまでも、地域金融機関は資金ニーズにつながる案件情報をつかんでは融資などで応えてきました。しかし、経営者の多くはファイナンスについて詳しくないため、自身の描く『ゴール』実現に最適な内容・タイミングでのファイナンスを金融機関にリクエストできていたか（＝金融機関が、経営者の『ゴール』実現に最適なファイナンスを提供できていたか）は疑問もあります。

それに対して、ゴールベース法人取引でのファイナンスは、単発で資金ニーズや案件情報を探しにいくものではありません。

『ゴール』を理解し、必要な打ち手と、それに伴うファイナンスをあらかじめ考え、そこで計画されたものに適切なタイミングで応えるのです。

たとえば、「『ゴール』の実現に向け、2年後に一気に基盤整備が必要となるので、エクイティでの資金調達を1年後から準備しよう」「『ゴール』の実現に向け、3年後のタイミングでエリアを拡大し打って出るために、2年半後には設備投資が必要」などと計画しておき、その時がきたらファイナンスの実行をサポートします。

単発で見つけた案件ではなく、一緒に考え、そして計画されたファイナンスだからこそ、『ゴール』に向けて最適なサポートをすることができるのです。

6 長期的な視点で寄り添う

◇寄り添い方の「あるべき」は変わらない

「ココロ」と「カラダ」、そして財務関連の計画も明確になったら、『ゴール』の実現に向けて長期にわたり寄り添っていきます。その過程で、定期的に状況を確認し、見直しが必要となればサポートします。

ゴールベース法人取引により、営業担当者の目線は『ゴール』を見据えたものに変わりますが、寄り添い方の「あるべき」が、これまでと大きく変わるわけではありません。

お客さまのことを深く理解し、事業性の評価も行い、その結果をふまえ経営者と価値向上の方策を話し合うことは、ゴールベース法人取引であっても必要です。

◇これまでの取組みがレベルアップ

寄り添い方の「あるべき」は同じですが、ゴールベース法人取引を取り入れることで、これまでの取組みはレベルアップし、より意味のあるものへと進化できます。

たとえば、「事業性評価」を取り上げてみましょう。

多くの地域金融機関の「事業性評価シート」に、SWOT分析（Strengths／強み、Weaknesses／弱み、Opportunities／機会、Threats／脅威）が盛り込まれています。

企業をとりまく環境や、自社の状況をわかりやすく整理できるため、SWOT分析は重宝されます。戦略を考える際の重要なツールにもなりえます。

しかし、長くコンサルタントをしている経験からいうと、「SWOT分析っぽいもの」をつくるのは簡単ですが、「戦略の検討に役立つ、意味あるSWOT分析」をつくりあげるのは、じつは容易ではありません。

「SWOT分析っぽいもの」でありがちなのは、

・この特徴は、強み（S）にも、弱み（W）にもなる

・想定される環境変化は、機会（O）とも、脅威（T）ともいえる

と、SWOTのどこに当てはめていいか特定できないため、とりあえずSWOTのどこかに書い

ておく、もしくは両論併記のようなかたちで複数箇所に書いておく、というものです。

これでは、SWOTのマス目は埋まっていますが、あまり意味はありません。皆さんも身に覚えがあるのではないでしょうか。原因は、業界知識や情報の不足ではなく、熟知しているはずの地域金融機関自身のSWOT分析をつくろうとしても起こりえます。

たとえば、地域金融機関は県内・エリア全域に店舗と人を張り巡らし、地域の企業・生活者の身近なところに接点をもっていますが、その維持には多額のコストがかかっています。

これは、強み（S）と、弱み（W）のどちらととらえるべきでしょうか。

強みでもあり、弱みでもある、と書きたくなってしまいそうです。

なぜこうなるかというと、SWOTに振り分ける「判断の軸」がないからです。「判断の軸」とはすなわち、これを目指したいという『ゴール』です。

どこを目指すのかが明確になっていないため、ある事象について、強みか弱みか、機会か脅威かの識別ができません。『ゴール』を念頭に置くことではじめて、「これを目指すには、この事象は機会となる」と適切に振り分けることができ、SWOT分析が生きてくるのです。

HEAVEN Japan の松田社長は、経営理念を「目指す方向が明確となる『北極星』のようなもの」といい、たいよう農園の本田代表は、社訓を「不確実なことを前にしたときに、ゴーサインを出すもの」といっていました。まさに、「判断の軸」です。

このように、ゴールベース法人取引を取り入れることで、これまでの取組みはレベルアップし、より意味のあるものへの進化へとつながっていきます。

◇立派な本業支援

ゴールベース法人取引に基づいて、地域金融機関が提供できることをみてきました。ここで、流れを整理しておきましょう。

スタートは、経営者の思い描く『ゴール』を知ることでした。そして、『ゴール』にたどり着くための戦略の検討支援とあわせて、金融機関の本業中の本業として『ゴール』実現を財務面から支えるためのファイナンスを、本部や外部の専門家も交えて一緒に検討します。そのうえで、達成計画を策定し、実行を見守り、時に軌道修正も支援しながら寄り添い、最後には経営者と一緒に『ゴール』の達成を喜びます。

誤解をしてほしくないのは、ゴールベース法人取引は精神的な心の持ち方の話だけではない、ということです。れっきとした本業支援であり、ファイナンス計画の実行に伴い融資取引など金融機関の実利にもつながるものです。

本業支援というと、ビジネスマッチングによる取引先の紹介や販路拡大の支援などがすぐに思い浮かぶかもしれません。もちろん、これらの売上（トップライン）向上につながる支援は大事で、うまくいった際には経営者にとても感謝されます。今後も積極的に行っていくべきです。しかしながら、うまくいく確率は必ずしも高くはありません。

他方で、ゴールベース法人取引は、経営者が思い描く『ゴール』の実現に「必ず」ついてまわるファイナンスについてあらかじめ計画し、その実行をサポートすることで『ゴール』に近づけていくものです。ビジネスマッチングのような派手さはありませんが、立派な本業支援といえるでしょう。

7 どんな企業にもゴールベースアプローチで寄り添える

ゴールベース法人取引は、特定の対象先にだけ適用できる特別な手法ではありません。すべての企業に、ゴールベース法人取引で寄り添うことができます。

企業のライフステージでとらえても、創業期の企業であろうが、事業承継を控えた先であろうが、ゴールベース法人取引は活用できます。

◇創業期の企業

創業期であれば、先ほど触れたように、経営者の『ゴール』次第では、通常の融資だけでなく、エクイティの活用も視野にいれてＶＣ（ベンチャーキャピタル）や、エンジェル（個人投資家）とつなぐことで、経営者をサポートできます。その後、事業がある程度の軌道にのれば、融資の機会も生まれてくるでしょう。

また、創業期の企業は、人材に困ることも多々あります。単なる「頭数」というよりは、『ゴール』に向けてドライブするための「質を伴った人材」です。経営者の描く『ゴール』に共感できるのであれば、地域金融機関は自らの要員を出向・転籍させてサポートすることで、『ゴール』の実現に向け寄り添っていけます。

そんな事例を一つご紹介しましょう。

【モバイルクリエイト】

「社長の夢を叶えるのに必要な人材を、銀行が出して助けてくれた」

こう語るのは、大分県にあるモバイルクリエイトの取締役経営企画室長である岐部和久さんです。

同社は、NTTドコモの携帯通信網を借り受け、トラック・タクシー・バスなど交通運輸系の事業者に対して、業務用IP無線システムを中心とした移動体管理システムを提供しています。

創業者で代表取締役社長の村井雄司さんは、経営理念に「システム構築を通じ社会のユビキタス化に貢献する」ことを掲げ、イノベーションを起こし「ちょっと先の未来」をつくろうとしています。

そして、技術そのものだけでなく「大分に、技術者が働くことができる場を提供したい」「優秀な技術者が集まるコミュニティを大分につくりたい」と、地元・大分、そして人（技術者）に対する強い愛情ももっています。

金融取引については、創業時から大分銀行との付き合いがあり、融資の借入れがありました。しかし、しばらくは利益こそ出るもののキャッシュが不足する状態だったため、銀行融資だけでなく、紹介を受けた大分ベンチャーキャピタルからの投資も受けていました。

そんなモバイルクリエイトを、大分銀行は人材面でもサポートしており、創業時の総務課長に始まり、常に数名（ここ数年は3～4名）が出向・転籍で同社に赴きサポートしています。

特徴的なのは、経営者人材にとどまらず、上場準備（村井社長は、創業の時から上場を目標の一つ「通過点としてのゴール、そして新たなスタート」として掲げていたそうです）や、出資先の経営改善といった〝ここぞという時〟には、30代半ば〜40代半ばの優秀な中堅行員も出向させていることです。

中堅行員が実務面でもサポートすることで、膨大な手続をクリアして無事に上場を果たすことができました。そして、上場後も成長を目指して、同じ大分の上場企業に出資してグループ化します。出資先企業は当時7期連続で赤字でしたが、引き続き大分銀行より中堅行員を派遣してもらい、経営改善を実践し、出資後1年で黒字に転換することができたそうです。

大分銀行は、かねて取引先への人材供出は行っていましたが、その対象先は、多くの地域金融機関と同様、融資取引の大きな先や、地元の安定した老舗企業ばかりでした。それでも、慣例を打ち破って将来性も未知数なベンチャー企業であるモバイルクリエイトに人を送ると決めたのは、同社の技術力への期待もさることながら、「村井社長の情熱と、地元・大分への思いに共感したから」（大分銀行　姫野昌治会長）だそうです。

以前はモノづくりが盛んだった大分県も、大手製造業企業の県からの撤退・大幅な雇用削減を受け、いまでは雇用の7割以上はサービス産業に依存しています。しかし、サービス産業は大分県の若い世代にとって、かならずしも就職先として魅力あふれるものとは限りません。

そのため、地元の活力を高めるためにも、大分県で若手が夢をもって働けるような企業を増やすことが必要でした。だからこそ、技術・アイデア・チャレンジ精神があり、さらに「地元・大分のためにも、本社は大分に置き続ける」と宣言をした村井社長を応援するために、大分銀行もチャレンジをして人を送ることにしたのです。

姫野会長は、「地域の若い世代に夢を与え、地域のことを同じような目線で考えている村井社長のような経営者は、トコトン応援したい。モバイルクリエイトの発展は、イコール地域の発展であり、こういう企業が増えるよう支援していくことが、地方銀行として大事である」と語っています。

そして、モバイルクリエイトの岐部取締役は、「大分銀行の人材支援により、モバイルクリエイトとそのグループ企業は、順調に成長している。優秀な人材を銀行が出してくれるのは、一企業としてどれほど助かることか。お金を貸してくれる以上の有難さがある。当社を創業期から支えてくれた大分銀行に感謝するとともに、創業の地である大分を大切にし、地域社会に貢献できる企業になりたい」と語ってくれました。

応援する側とされる側との立場の違いはありますが、地域に対する同じ思いをもって進んでいることが伝わってきます。

◇事業承継を控えた企業

ゴールベース法人取引で寄り添い続けると、対象先が事業承継を迎えたときにも、付加価値を提供できます。

経営者が高齢化するなか、各金融機関とも事業承継の支援に力を入れています。後継者の決定、資産の後継者への承継、相続税対策、後継者の経営権の確保など、どれも経営者の悩みに沿ったものです。

経営者の思いが、「とにかく円滑に、後継者に事業を承継すること」であれば、これらの支援メニューで足りるでしょう。

しかし、多くの経営者にとって、円滑な事業の承継は必要条件であって、十分条件ではありません。

後継者の代になっても、「いままで自分が大事にしてきたことは引き継いでほしい」「お客さまや従業員に愛され続ける企業であってほしい」「従業員と一緒に目指してきた夢を、次の代で実現してほしい」など、承継後への「思い」の成就が十分条件として存在しています。

存在しているのですが、必要条件である「物理的な」承継に労力や時間を費やさざるをえず、十分条件の「思い」の承継は、結果として軽視されてしまっています。

特に、ファミリービジネスで、後継者が息子・娘の場合には、「いわなくてもわかるはず」と考え、明確な手立てを講じることがないのは仕方ないことでしょう。

しかし、ここに大きな落とし穴があります。

親子間の事業承継が、世間の注目を浴びた大塚家具は、その典型例です。

創業者の大塚勝久氏は2009年に会長となり、社長を長女の久美子氏に譲りました。久美子氏は、社長就任後に経営改革を断行し、大塚家具のこれまでの特徴であった「高級な品物を、丁寧な説明と接客で会員客に販売する」手法から、「品揃えを中価格帯とし、より大衆的な路線」へと転換します。その後、父娘の考え方の違いから経営権をめぐる争いへと発展し、久美子氏の社長解任・勝久氏の社長復帰、そして最後は、久美子氏が勝久氏を追い出すことになるまで、争いが続きました。

この時のことを、勝久氏は『ダイヤモンド・オンライン』（ダイヤモンド社）の寄稿で振り返っています。抜粋して紹介しましょう。

「大塚家具における事業承継での最大の失敗と反省点は、私自身が『私の時代認識や事業観、経営観などを子どもたちが分かってくれている』と過信していたことにある。というよりも、『言うまでもないこと』という感覚があった。それは私の甘さであった。（中略）『親子だから』という帝王学を施すわけではないし、あくまでも一社員として他の社員と同様に叱ったり褒めたりしていただけだ。それでもなお私には、『見ていれば分かるだろう』という期待があったのだ」

「創業者がどのような環境の中で、ある意味でワンマンで理屈に合わないような鉄則を駆使しながらも企業を成長させてきたかを、後継者として学ばせる必要があったように思う」

勝久氏が創業者として大事にしてきた「理念」や「事業を行う際の価値観」などを、久美子氏に伝えきれなかったことを悔やんでいるようすが強く伝わってきます。

ここに、ゴールベース法人取引に基づく、事業承継における地域金融機関の価値発揮の余地がありそうです。

事業承継の十分条件を満たすには、経営者の思いである『ゴール』（経営理念・ビジョン・バリュー）を、正しく次の世代に伝えていくことが重要です。

地域金融機関は、ゴールベース法人取引で寄り添うなかで、それらを理解できているわけですから、後継者に向けた経営理念・ビジョン・バリューの「可視化」までを支援の対象としてはどうでしょうか。

もちろん、経営理念などの言葉を、単に伝えるだけでは意味はありません。

具体的な事例やエピソードもつけて可視化し、「いうまでもないこと」「みていればわかるはず」という希望ともとれる幻想について、後継者に追体験してもらえるようにすることで、事業承継の必要十分条件を満たす支援をするのです。

大事なことでありながら、当事者である現経営者が実践しにくいこと、見落としがちなことだけに、地域金融機関への期待は大きな領域ではないでしょうか。

【参考】『中小企業憲章』全文

『中小企業憲章』には、社会の主役は中小企業であり、国が総力をあげて中小企業をサポートしていくことが示されています。

もちろん、地域金融機関もサポートの担い手の一員で、「中小企業が主で、地域金融機関が従」です。この精神は、地域金融機関として常に心にもっておくべきです。少し長くなりますが、『中小企業憲章』の全文を掲載します。

＊　＊　＊

『中小企業憲章』（2010年、閣議決定）

中小企業は、経済を牽引する力であり、社会の主役である。常に時代の先駆けとして積極果敢に挑戦を続け、多くの難局に遭っても、これを乗り越えてきた。戦後復興期には、生活必需品への旺盛な内需を捉えるとともに、輸出で新市場を開拓した。オイルショック時には、省エネを進め、国全体の石油依存度低下にも寄与した。急激な円高に翻弄されても、産地で連携して新分野に挑み、バブル崩壊後もインターネットの活用などで活路を見出した。

我が国は、現在、世界的な不況、環境・エネルギー制約、少子高齢化などによる停滞に直面している。中小企業がその力と才能を発揮することが、疲弊する地方経済を活気づけ、同時にアジアなどの新興国の成長をも取り込み日本の新しい未来を切り拓く上で不可欠である。

政府が中核となり、国の総力を挙げて、中小企業の持つ個性や可能性を存分に伸ばし、自立する中小企業を励まし、困っている中小企業を支え、そして、どんな問題も中小企業の立場で考えていく。これにより、中小企業が光り輝き、もって、安定的で活力ある経済と豊かな国民生活が実現されるよう、ここに中小企業憲章を定める。

1．基本理念

中小企業は、経済やくらしを支え、牽引する。創意工夫を凝らし、技術を磨き、雇用の大部分を支え、くらしに潤いを与える。意思決定の素早さや行動力、個性豊かな得意分野や多種多様な可能性を持つ。経営者は、企業家精神に溢れ、自らの才覚で事業を営みながら、家族のみならず従業員を守る責任を果たす。中小企業は、経営者と従業員が一体感を発揮し、一人ひとりの努力が目に見える形で成果に結びつき易い場である。

中小企業は、社会の主役として地域社会と住民生活に貢献し、伝統技能や文化の継承に重要な機能を果たす。小規模企業の多くは家族経営形態を採り、地域社会の安定をもたらす。

このように中小企業は、国家の財産ともいうべき存在である。一方で、中小企業の多くは、資金や人材などに制約があるため、外からの変化に弱く、不公平な取引を強いられるなど数多くの困難に晒されてきた。この中で、大企業に重きを置く風潮や価値観が形成されてきた。しかし、金融分野に端を発する国際的な市場経済の混乱は、却って大企業の弱さを露わにし、世界的にもこれまで以上に中小企業への期待が高まっている。国内では、少子高齢化、経済社会の停滞などにより、将来への不安が増している。不安解消の鍵となる医療、福祉、情報通信技術、地球温暖化問題を始めとする環境・エネルギーなどは、市場の成長が期待できる分野でもある。中小企業の力がこれらの分野で発揮され、豊かな経済、安心できる社会、そして人々の活力をもたらし、日本が世界に先駆けて未来を切り拓くモデルを示す。
難局の克服への展開が求められるこのような時代にこそ、これまで以上に意欲を持って努力と創意工夫を重ねることに高い価値を置かなければならない。中小企業は、その大いなる担い手である。

2．基本原則

中小企業政策に取り組むに当たっては、基本理念を踏まえ、以下の原則に依る。

一．経済活力の源泉である中小企業が、その力を思う存分に発揮できるよう支援する

資金、人材、海外展開力などの経営資源の確保を支援し、中小企業の持てる力の発揮を促す。その際、経営資源の確保が特に困難であることの多い小規模企業に配意する。中小企業組合、業種間連携などの取組を支援し、力の発揮を増幅する。

二．起業を増やす

起業は、人々が潜在力と意欲を、組織の枠にとらわれず発揮することを可能にし、雇用を増やす。起業促進策を抜本的に充実し、日本経済を一段と活性化する。

三．創意工夫で、新しい市場を切り拓く中小企業の挑戦を促す

中小企業の持つ多様な力を発揮し、創意工夫で経営革新を行うなど多くの分野で自由に挑戦できるよう、制約の少ない市場を整える。また、中小企業の海外への事業展開を促し、支える政策を充実する。

四．公正な市場環境を整える

力の大きい企業との間で実質的に対等な取引や競争ができず、中小企業の自立性が損なわれることのないよう、市場を公正に保つ努力を不断に払う。

五．セーフティネットを整備し、中小企業の安心を確保する

中小企業は、経済や社会の変化の影響を受け易いので、金融や共済制度などの面で、セーフティネットを整える。また、再生の途をより利用し易いものとし、再挑戦を容易にする。

これらの原則に依り、政策を実施するに当たっては、

・中小企業が誇りを持って自立することや、地域への貢献を始め社会的課題に取り組むことを高く評価する。
・家族経営の持つ意義への意識を強め、また、事業承継を円滑化する。
・中小企業の声を聴き、どんな問題も中小企業の立場で考え、政策評価につなげる。
・地域経済団体、取引先企業、民間金融機関、教育・研究機関や産業支援人材などの更なる理解と協力を促す。
・地方自治体との連携を一層強める。
・政府一体となって取り組む。

こととする。

3. 行動指針

政府は、以下の柱に沿って具体的な取組を進める。

一. 中小企業の立場から経営支援を充実・徹底する

中小企業の技術力向上のため、ものづくり分野を始めとする技術開発、教育・研究機関、他企業などとの共同研究を支援するとともに、競争力の鍵となる企業集積の維持・発展を図る。また、業種間での連携・共同化や知的財産の活用を進め、中小企業の事業能力を強める。経営支援の効果を高めるため、支援人材を育成・増強し、地域経済団体との連携による支援体制を充実する。

二. 人材の育成・確保を支援する

中小企業の要諦は人材にある。働く人々が積極的に自己研鑽に取り組めるよう能力開発の機会を確保する。魅力ある中小企業への就業や起業を促し、人材が大企業信仰にとらわれないよう、各学校段階を通じて健全な勤労観や職業観を形成する教育を充実する。また、女性、高齢者や障害者を含め働く人々にとって質の高い職場環境を目指す。

三. 起業・新事業展開のしやすい環境を整える

資金調達を始めとする起業・新分野進出時の障壁を取り除く。また、医療、介護、一次産業関連分野や情報通信技術関連分野など今後の日本を支える成長分野において、中小企業が積極的な事業を展開できるよう制度改革に取り組む。国際的に開かれた先進的な起業環境を目指す。

四. 海外展開を支援する

中小企業が海外市場の開拓に取り組めるよう、官民が連携した取組を強める。また、支援人材を活用しつつ、海外の市場動向、見本市関連などの情報の提供、販路拡大活動の支援、知的財産権トラブルの解決などの支援を行う。中小企業の国際人材の育成や外国人材の活用のための支援をも進め、中小企業の真の国際化につなげる。

五．公正な市場環境を整える

中小企業の正当な利益を守る法令を厳格に執行し、大企業による代金の支払遅延・減額を防止するとともに、中小企業に不合理な負担を招く過剰な品質の要求などの行為を駆逐する。また、国及び地方自治体が中小企業からの調達に配慮し、受注機会の確保や増大に努める。

六．中小企業向けの金融を円滑化する

不況、災害などから中小企業を守り、また、経営革新や技術開発などを促すための政策金融や、起業、転業、新事業展開などのための資金供給を充実する。金融供与に当たっては、中小企業の知的資産を始め事業力や経営者の資質を重視し、不動産担保や保証人への依存を減らす。そのためにも、中小企業の実態に則した会計制度を整え、経営状況の明確化、経営者自身による事業の説明能力の向上、資金調達力の強化を促す。

七．地域及び社会に貢献できるよう体制を整備する

中小企業が、商店街や地域経済団体と連携して行うものも含め、高齢化・過疎化、環境問題など地域や社会が抱える課題を解決しようとする活動を広く支援する。祭りや、まちおこしなど地域のつながりを強める活動への中小企業の参加を支援する。また、熟練技能や伝統技能の継承を後押しする。

八．中小企業への影響を考慮し政策を総合的に進め、政策評価に中小企業の声を生かす

関係省庁の連携は、起業・転業・新事業展開への支援策の有効性を高める。中小企業庁を始め、

関係省庁が、これまで以上に一体性を強めて、産業、雇用、社会保障、教育、金融、財政、税制など総合的に中小企業政策を進める。その際、地域経済団体の協力を得つつ、全国の中小企業の声を広く聴き、政策効果の検証に反映する。

結　び

世界経済は、成長の中心を欧米からアジアなどの新興国に移し、また、情報や金融が短時間のうちに動くという構造的な変化を激しくしている。一方で、我が国では少子高齢化が進む中、これからは、一人ひとりが、力を伸ばし発揮することが、かつてなく重要性を高め、国の死命を制することになる。したがって、起業、挑戦意欲、創意工夫の積み重ねが一層活発となるような社会への変革なくしては、この国の将来は危うい。変革の担い手としての中小企業への大いなる期待、そして、中小企業が果敢に挑戦できるような経済社会の実現に向けての決意を政府として宣言する。

＊　＊　＊

【本章の取材協力】（敬称略）

モバイルクリエイト株式会社　取締役経営企画室長　岐部和久

大分銀行　代表取締役会長　姫野昌治

【本章の参考文献】

『匠大塚会長が〝父娘げんか〟を経て語る「事業承継ここを誤った」』（ダイヤモンド・オンライン、2018年1月9日）

第Ⅲ部

ゴールベース アプローチの 実行に向けて

第 6 章

営業実態とのギャップ

1 ゴールベースアプローチは理想論か

◇営業現場は構造的問題と戦っている

ゴールベース法人取引は、経営者の思う『ゴール』を理解し、時に一緒に考え、その実現に向けて長期的に寄り添っていくものです。

これに対して、「それができれば理想だけど、実際はむずかしいよ」という声が聞こえてきそうです。

その気持ちは、よく理解できます。

地域金融機関は業態全体として収益力の低下に苦悩しており、営業現場への期待、そしてプレッシャーは年々、高まっています。

だからといって、頑張れば簡単になんとかなるわけではなく、営業現場は、人の問題・業務の問題・営業活動の問題と、支店長の頭を悩ませる、さまざまな構造的問題を抱えています（図表5）。

こうした状況において、強い使命感のもと業績評価目標を達成するためには、どうしても短期

図表5　支店長を悩ます構造的問題

○人の問題
・頭数の不足
……人員の集約・シフトが進められたものの、まだ営業担当者が足りない
・経験の不足
……支店行員の年齢層が下がり、経験の乏しい営業担当者が増えてきた
・リーダー不在
……過去の採用抑制の影響で、若手を引っ張る中堅リーダー層がいない
・温度差の存在
……若い営業担当者との温度差を感じ、思うように指導できない

○業務の問題
・時間の制約
……残業圧縮・持ち帰り禁止が厳命され、稼働可能な時間が短い
・事務の負担
……事務や手続にかかる時間が増え、営業活動の時間が浸食されている

○営業活動の問題
・スキルの低下
……営業担当者は、経験不足もあり、中小企業への対応力が弱い
・育成機会の不足
……同行訪問をしてあげたいが、その時間も思うように確保できない
・種まきの不足
……当期の目標に向けた、短期的視点での活動にしか時間が使えていない
・雰囲気の悪化
……数字が思うように伸びず、支店の雰囲気がピリピリしている

（出所）『実践！「現場営業力」強化セミナー』（金融財政事情研究会、2016年）

図表6　営業実態 vs. ゴールベース法人取引

	営業実態		ゴールベース法人取引
視点	短期的視点	⇔	長期的視点
スタンス	刈り取る	⇔	寄り添う
実現したいこと	業績評価目標	⇔	経営者の夢
メインバンクの定義	取引がいちばん多い（金融機関目線）	⇔	いちばん親身（経営者目線）
目指す姿を考える主体	経営者自身	⇔	時には一緒に検討

的な視点での活動が中心となってしまいます。その結果、経営者の『ゴール』を見据え、長期的に寄り添うことは「できればいいけど、実際はむずかしい」となってしまうのでしょう。

結果として、いまの営業実態と、ゴールベース法人取引とのあいだには、大きな乖離が存在しています（図表6）。

しかし、ここで考えていただきたいのは、短期的な視点に偏った活動に、いつまで頼ることができるだろうか、ということです。

◇金融機関に相談したことがない

金融庁が公表している、中規模・中小企業への『企業ヒアリング』をみると、経営上の課題や悩みをメインバンクに「全く相談したことがない」企業は、債務者区分にかかわらず約3割ありました。理由で最も多かったのが、「あまりいいアドバイスや情報が期待できないから」です（図表7）。

この結果はどうみえるでしょうか。

私は、地域金融機関を応援する立場で活動していますので、この結果を悔しく、そして残念に読みました。その一方で、そうだろうな、と納得もしました。

というのも、地域金融機関の紹介を受け中小企業の実権者にインタビューをすると、

図表7　経営上の課題や悩みのメインバンクへの相談

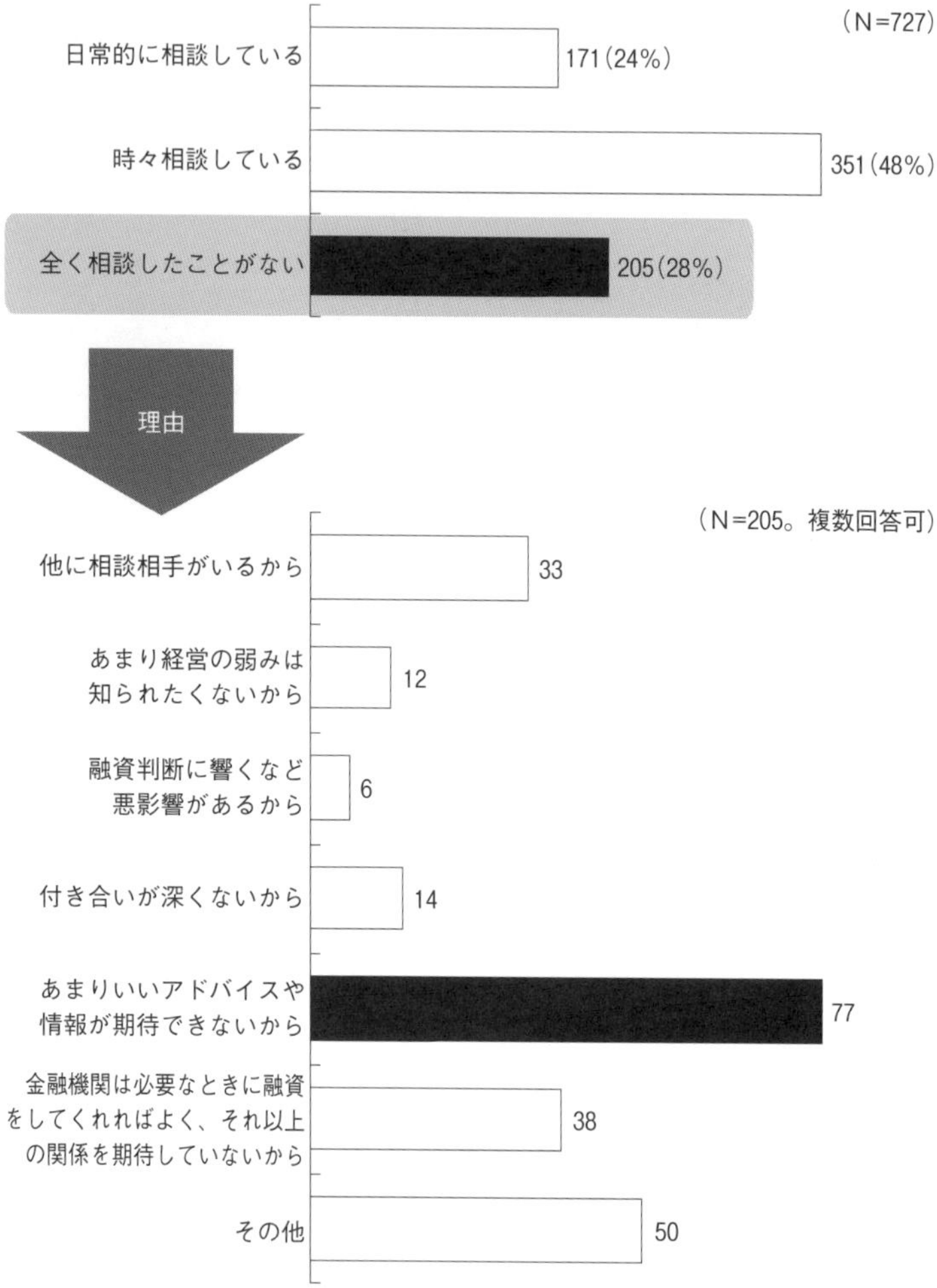

（出所）　金融庁『企業ヒアリング』

・銀行の営業担当者は、いつも忙しそうにしているから、相談しにくい
・もっと当社に関心をもってもらえるなら相談したいと思うだろうけど、いまのような表面的な対応では、相談したいとは思わない
・今期の融資ネタがないとわかると、営業担当者から〝早く帰って次の先に行きたい〟という雰囲気が伝わってくる。こういう対応では、相談なんてするわけないと、手厳しい声を何度も聞いてきたからです。

もしかすると、相談をしたことがあると回答した7割のなかにも、「いい取引先はないかな」とか、「売上げを伸ばしたいんだけど、いい知恵ないかい」といった、だれにでもしていそうな〝表面的な〟相談も相当数が含まれているのでは、と勘ぐってしまいます。

いま、ほとんどの地域金融機関が、お客さまの相談相手として選んでもらえることを目標に掲げています。しかし、現在の活動の延長線上で、そこにたどり着くのでしょうか。

◇経営者に相談されたくない

ところで、営業担当者は、本当に経営者から相談をもちかけられたいと思っているのでしょうか。

「そんなのは、当たり前だろ」と怒られるかもしれませんが、なかには「相談されても嬉しく

ない」と思っている営業担当者もいるようです。

その原因を考えると、個人の資質だけの問題ではなく、構造的な問題もあるようで、複数の地域金融機関の営業担当者から、本音の「告白」を受けたことがあります。共通していた構造は、次のようなものです。

前提として、金融機関の営業担当者は、常に今期の業績評価目標へのプレッシャーがあり、数字と時間に追われています。

そうしたなか、取引先の経営者から本業にかかわる相談を受けると、回答のため調べる時間が必要になります。時間をかけ調べることで、経営者によい回答ができるならまだしも、支店長や役席者、内容によっては本部に相談を持ち掛けないと、どうにもならないケースも多くあります。これは、時間をとられるうえに、気が重いことのようです。

しかも、なんとか気を奮い立たせて本部にあげても、「情報が少なすぎて、これでは何もわからない。回答のしようがないので、もっと話を聞いてこい」と詰められてしまうことも多々あります。

こうして時間と心を割いても、経営者に満足してもらえる回答ができるとは限らず、首尾よく期待に応えられたとしても、それがすぐ今期の自分の営業成績（融資など）につながるとは限りません。だから、「相談されても嬉しくない」というのです。

これは、短期的な視点に偏ってしまっていることの、重大な弊害といえるでしょう。

そもそも、目先のことに執着した活動をしても、簡単に取引を増やせるわけではありません。「急がば回れ」の精神で、同じ時間をかけるのであれば、経営者の思う『ゴール』を意識した活動をして、経営者の心をつかみなおすべきではないでしょうか。

「理想」だ「現実」だといっているときではないように思います。

2 やらないといけないこと

ゴールベース法人取引は、経営者の相談相手になるために必要というだけでなく、地域、そして企業のためにも「やらないといけないこと」です。

中小企業は、相談相手も限られているため、地域金融機関のサポートはとても有難く思います。

また、地域には優れた技術・アイデアをもつ中小企業もありますが、都会の企業がサポートしたいと思っても、なかなか見つけ出すことはできません。一方で、地域金融機関は、その気になれば地域の情報網の頂点に立てます。だからこそ、地域金融機関と連携をしたいと考えている企業は、数多くあります。

たとえば、世界に52の拠点（本書執筆時点）があり、エンジェル（個人投資家）と世界中のスタートアップ企業が出会う場を提供している世界最大のエンジェルネットワーク（KEIRETSU FORUM）でさえも、「日本での成功のためには、地域金融機関との連携が欠かせない」（黒田敦史COO）と考えています。

経営者としては、短期的な融資案件の有無ばかりではなく、自身が思い描く『ゴール』の実現に向け、地域金融機関が外部企業との接点をつないでくれたら、どんなに心強いことでしょうか。

長期的な視点をもって経営者に寄り添うことで、元気な中小企業が増え、地域も元気になります。ゴールベース法人取引は、地域金融機関として「やらないといけないこと」といえるでしょう。

3 やりたいこと

「やらないといけないこと」という表現は、「押し付けられたもの」というニュアンスが色濃く出てしまうかもしれません。

しかし、ゴールベース法人取引は、そもそも「やりたいこと」のはずです。

就職先として地域金融機関を志望した理由は、人それぞれあるでしょう。

そのなかで「金融を通して、地域にある企業の成長をサポートしたい」という思いは、多くの人に共通するものだと思います。

ゴールベース法人取引は、それを叶える手法でもあります。

近頃、地域金融機関の若手の離職が目立ち、新卒3年以内の離職率が2割を超える地域金融機関も、少なからずあります。これは、とても残念なことです。

離職の理由を調べてみると、「入社前に思っていたよりも、仕事の魅力がなかった」「営業目標の数字に追われ、元気のない先輩たちをみて、自分もすぐにこうなるのかと思い逃げ出したくなった」「この仕事を続けるくらいなら、公務員試験や第二新卒にチャレンジしたほうがいい」など、地域金融機関の「やり甲斐」を感じる前に、嫌気がさしてしまったようです。

そんな彼ら彼女ら、そして「経営者に相談されても嬉しくない」営業担当者も、地域企業の経営者の夢に共感し、実現に向けて一緒に歩んでいきたかったのではないでしょうか。

4 応援したい企業・経営者をもとう

◇むずかしく考えすぎないでも大丈夫

ゴールベース法人取引をやってみたいけど、スキル的にできるだろうか。
もし、こんな不安を感じたならば、むずかしく考えすぎないでください。
ここまででゴールベース法人取引がどういうものか理解できたのなら、残るアドバイスはただ一つです。

「応援したい企業・経営者」をもちましょう。

いま、特に若い営業担当者は、数字や目標にばかり気持ちが行き過ぎてしまい、「応援したい」お客さまをもてていないのではないでしょうか。ここにメスを入れることで、大きく変わりそうです。

『ゴール』に共感して経営者を応援したいと思えば、経営者の考えていること、その企業が置かれている環境などを、さらに詳しく知りたくなります。そして、『ゴール』実現に少しでも役立ちたいという欲求が、営業担当者の成長につながります。

テクニカルなことを意識しないでも、ゴールベース法人取引に基づく思考での行動は、自然とできるようになり、どんなに立派な座学の研修よりも、はるかに多くのことを学べるでしょう。

◇応援したい企業は「感覚的」に惚れた先

応援したい企業だからといって、融資の審査基準を甘くする必要はありません。

ですから、応援したい先は、会社規模や決算状況、帝国データバンクの評点などの定量的な基準や、今後の融資可能性で決めるのではなく、経営者の思いに共感するものがあり「ここを応援したい」と感覚的に惚れたところにしましょう。

もちろん、細かな数字をもとに選定することも、理屈上はできます。しかし、無難な先ばかりが選ばれ、「長く寄り添うことにワクワクする企業」が選ばれる気がしません。これでは、寄り添ってもおもしろくないでしょう。

振り返ってみると、どの地域金融機関にも「この企業は、うちが育てた」と誇れる先があるはずです。ではその企業を、なぜ育てることができたのでしょうか。

後から理屈づけをして理由を解説することはできますが、それは、「後出しジャンケン」にすぎません。サポートを開始した当初は、経営者の思いに共感できる要素があり、「この経営者を応援したい」という感覚的なものだったはずです。

◇見つけるだけでなく「つくる」ことも必要

事例で取り上げた企業のように、経営者の「ココロ」が明確になっている企業ばかりであれば、ゴールベース法人取引で寄り添い応援する先は、すぐに見つかると思います。

しかし現実は「ココロ」(「カラダ」もですが)があいまいな企業のほうが多くあります。このとき、「だから応援できない」と切り捨ててしまっては、意味がありません。

本書の前半で、『ゴール』を時に経営者と一緒に考えることも必要だと述べました。アドバイスをしながら経営者を意識づけ、導くことで、応援したい企業を自分の手で「つくる」のです。

何年かして、応援してきた経営者の『ゴール』が実現したとき、「見つけた」先よりも「つくった」先のほうが、何倍も喜びは大きいことでしょう。

◇固有名詞を目指そう

自分が惚れた応援したい先であれば、接するときの言動も変わってくるはずです。

ケースとして、融資を実行したときのことを想像してみます。いまは、融資の実行日に、経営者にどのような声をかけているでしょうか。

「無事に着金完了しました」「希望日に間に合ってよかったです」

何も声をかけないよりはマシですが、これは作業報告であって、寄り添っている感じはしません。もちろん、経営者の心に響くこともありません。

では、ゴールベース法人取引で応援しているなか実行された融資だったら、どんな言葉をかけたいと思うでしょうか。

「これで、社長の夢の実現に、また一歩近づきますね」

こんな言葉が、自然と出てくるようになりそうです。

そして、思いは経営者にも伝わります。

だんだんと、「企業と地域金融機関」の関係が、「人と人」の関係に変わっていきます。

経営者と話をしていると、「あの人のおかげで」と、何年も前に担当だった地域金融機関の支店長や営業担当者の名前が出てくることは、よくあります。

ゴールベース法人取引で応援することによって「○○銀行（金庫）の人」という普通名詞から、「△△さん」と固有名詞の存在になりましょう。

地域金融機関の職員として、なんとも嬉しいことではないですか。

＊　＊　＊

【本章の参考文献】

阪本啓一氏ブログ（https://www.kei-sakamoto.jp）
『世界のエリートはなぜ「美意識」を鍛えるのか？』（山口周、光文社新書）

第 7 章

実行のための体制整備

1 必須の対応事項

ゴールベース法人取引をやり遂げるには、地域金融機関として「組織的」に、経営者の思い描く『ゴール』の実現に向け寄り添う枠組みを築くことが大事です。

また、『ゴール』に向かう過程で、従来的な融資だけでは足りず、外部提携先の力も借りながら、投資銀行的に幅広い商品・サービスを提供していきます。

そのため、営業店まかせの対応とはせずに、本部の支援部署も含めた二段構えの体制で寄り添うことが必須となります。

◇時間の捻出

地域金融機関にとって、ゴールベース法人取引は「やらないといけないこと」であり、「やりたいこと」でもありました。

しかしながら、「忙しくてできない」という声はありそうです。もしそうならば、最優先のテーマで時間の捻出策を講じるべきです。

世の中で「働き方改革」が流行っていますが、残業を減らして早く帰ることを目的とした話ではありません。質の高い仕事、やるべき仕事、やりたい仕事をする時間を増やすための取組みととらえるべきです。

先ほど、早期に離職をしてしまう若手の話に触れましたが、彼ら彼女らの流出を食い止める策も、残業の圧縮だけだとは思えません。目指すべきは、地域金融機関に働くことの「やり甲斐」を感じ、喜びやワクワクの醸成につながるよう、変えていくことです。

ゴールベース法人取引は、その格好の材料です。「やりたいこと」の実施を阻んでいるものが「時間」ならば、最優先に解決策を考える必要があります。

2 実行の障壁を乗り越える

時間以外にも、実行に向けて乗り越える壁はあります。

代表格としてあがってきそうな、人事ローテーション・業績評価・人材育成の三つについて、私の考えをお伝えしておきます。

◇人事ローテーション

人事ローテーションは、営業現場と本部支援部署とを分けて考える必要がありますが、より頭が痛いのは営業現場です。

営業現場は、コンプライアンス上の観点から2～3年の短い周期で人事異動をしています。ゴールベース法人取引で経営者と長期に寄り添うことに対する、大きな障壁となるのは間違いないでしょう。

一方で、お客さまのもつ「あの人に相談したい」というニーズは、大事にしたいところです。いまはネットショップですら、メールマガジンで楽しくおススメを教えてくれる「あの人」、問合せに対して丁寧に回答をしてくれる「あの人」、特定分野の商品に対して異常なまでの詳しさと愛着が伝わってくる「あの人」と、会ったことすらない「あの人」が重視されてきています。

人事異動をさせる必要性は十二分に承知していますが、他方で、2～3年経ったら、金融機関の都合で「明日からは後任の別の担当者に相談を」というのは、そろそろ見直しの余地がないものでしょうか。少しでもいいので、ローテーション間隔を長くする方向で検討してみてほしいものです。

対する本部支援部署の要員は、投資銀行的な幅広い商品・サービスの提供面で大事な役割を担います。この手のものは、経験量の蓄積がものをいいます。

多くの地域金融機関で、本部の要員は、営業現場ほどは短い周期でローテーションをかけていないようなので、できる限り長く在籍させ、ノウハウを積み重ねることをおすすめします。

◇業績評価

営業関係で何かをやろうとすると、必ず「業績評価をどうするか」という問題がついてまわります。ゴールベース法人取引の場合には、短期的な成果に表れない、長期的な貢献の評価方法が検討の俎上にのせられるでしょう。

これもむずかしいテーマです。

ただし、業績評価がうまく設計できないから、ゴールベース法人取引を推し進めるのは無理だ、というのは本末転倒です。

まず前提として、そもそも現在の業績評価とて、完全なものではないことは、確認しておきたいところです。

前任者がお客さまとよい関係を築き上げ、営業の〝種まき〟もしていたので、「運よく」自分の在任中に成果となり業績評価がプラスになることがあります。他方で、前任者が離任直前に、ぺんぺん草も生えないような〝焼き畑〟営業をしてしまったがために、自分が「ツケを払わされる」こともあります。

だからこそ、「完璧」を求めて何人もが時間をかけ業績評価への反映方法を考える必要はないと思います（その時間があるなら、もっとお客さまと直に向き合うことに使うべきです）。

さらにいうと、地域金融機関として本来的に「やらないといけない」もので、「やりたい」ことを推し進めるのに、業績評価に組込みがないと動かない、というのはいささか淋しい気もします。

とはいっても、評価方法を考えないわけにはいかない、というのもわかります。

それであれば、長期的な貢献を定量化するのは困難なので、定性的な評価としてゴールベース法人取引で企業・経営者の役に立った取組みを認め、評価してはどうでしょうか。

その際のポイントは、従来的な定量評価とは、完全に切り離した別のものとして評価体系を設計することです。

ありがちなのは、定量70％＋定性30％といったように、一つの評価の枠組みのなかで定量と定性を組み合わせようとすることです。しかし、これはよほどうまく運用をしないと、結局は客観的に評価のできる定量にウェイトがかかったものになってしまい、定性的な貢献評価が形骸化し、埋もれてしまいます。

ある金融機関で実施している、定性的な貢献を評価する取組みを紹介しましょう。

その金融機関では、業績評価とは別に、「自慢大会」を開催しています。

融資などの獲得とは関係なく、営業担当者に「どれだけお客さまの役に立つことができたか」を自慢させるのです。各ブロックで選ばれた担当者が、全役員も参加する全社大会で、自分がやったことを誇らしげに自慢し、それを役員も頼もしく聞いています。

業績評価という数字で表れるもの以外にも、「経営の強い意思」として、お客さまの役に立つ活動（定性的なもの）を高く評価しているというメッセージを、職員に伝えるよい機会にもなっているようです。

◇人材育成

営業担当者の人材育成手法は、ゴールベース法人取引だからといって、特別なことが新たに必要になるとは思いません。

「応援したい」と思える企業・経営者を見つけ、役に立てるようにと真剣になれば、それが実践的で、何よりも効果的な成長機会となるからです。

経営者ともっと深い話ができるようになりたいと思えば、事前にどんな準備をすればいいか、面談時の話の進め方に工夫の余地はないか、と試行錯誤するなかで学んでいくでしょう。

そして、営業担当者が『ゴール』の実現に向け寄り添っていれば、サポートに必要な商品・サービスの幅は広がり、本部の支援部署の視野も広がります。

これまでとは外部にネットワークをつくる先が変わり、会ったこともない業界の人に教えを乞いに行くことも増えるでしょう。これが、本部支援部署の要員の成長につながります。また、この領域に関しては、プロフェッショナルを中途採用して、核となる人材を組織内につくることも有効です。

いずれにしても、企業・経営者の『ゴール』に向けて、本気で寄り添うようになれば、必然的に人は育っていきます。

＊　＊　＊

以上、ゴールベース法人取引の実現に向けて、想定される障害への考え方を述べてみました。人事ローテーションの問題など、高いハードルもあります。しかし、それでも対処をしないと、楽しい将来は訪れないように思います。地域の企業・経営者に長期目線で寄り添うことが、地域金融機関内部の事情によりできない、というのでは残念です。

まずできることから、始めてほしいと願っています。

3 エール企業制度の提案

前節で「まずできることから」といいましたが、どんな可能性があるでしょうか。私案として『エール企業』制度を提案します。エールは、運動会などの応援で「エールを送る」の、エールです。

◇異動してからも寄り添い続ける制度

ゴールベース法人取引は、地域金融機関として「組織的」に、経営者の思い描く『ゴール』の実現に向け寄り添う枠組みが大事だと述べました。

先ほど人事ローテーションについて書きましたが、期間を延ばしたとしても、「組織的」にというからには、後任者が対応を引き継ぐのが原則となります。

しかし、「人と人」との関係なので、できれば「応援したい」と強い思いをもつ人に寄り添い続けていただきたいものです。

そこで、ゴールベース法人取引で寄り添うと決めた企業には、異動によって担当エリアの営業店を離れた後も、責任をもって寄り添い続けるのが『エール企業』制度です。

営業担当者一人一先でもかまいません。それだけでも組織全体では、数百もの長期にわたり応援していく地元企業ができます。決して少ない数ではないでしょう。

◇応援し続けたい先を決める

営業担当者は、自分の目と足を使い「応援したい」と思う企業を一先、見つけます。

短期的な成果につながりそうか否かは関係なく、自分の銀行員生活を通じて応援したい、寄り添いたいと思う先です。経営者の目指す『ゴール』がすでにしっかり整っている企業のこともあれば、『ゴール』の検討から一緒にしたいと思う企業のこともあるでしょう。

そして、見つけた「応援したい」企業を、自身の『エール企業』として登録します。

登録にあたっては、「なぜこの先を選んだのか」について、明確な論拠をもった説明は必要ありません。「言葉にはうまくならないけど、こんな点に魅力を感じて、この企業・経営者を応援したいと思った」というので十分です。

論理よりも感覚的なところを重視することで、『エール企業』には可能性を感じワクワクする先が多く登場することを期待します。

他方で、感覚的でいいからといって、営業担当者はいい加減な気持ちで『エール企業』を決めてはいけません。「異動してからも応援し続けたい」と、胸を張っていえる先を見つけて（・っくって）ください。

◇異動しても月に1度は時間をとる

『エール企業』は、人に紐づく点が最大の特徴です。

他の営業店に異動しても、本部に異動となった場合でも、自らが登録した『エール企業』は、エリアの後任担当者と一緒に「共同担当者」として受け持ち続けます。

お客さまが連絡したい要件があった際には、『エール企業』として登録した担当者でも、エリアの後任担当者でも、どちらに連絡をしてもよいことにします。

もちろん、自らが選定した応援したい企業なので、異動になったからと放置するのは、もってのほかです。

経営者の描く『ゴール』の実現に向け、気にかけ続ける必要があります。そして、単に気にかけるだけでなく、一定の時間、たとえば月に1日は、『エール企業』への対応に時間を割くことを奨励します。

一定時間の活用といえば、グーグルなどが採用している「20％ルール」を耳にしたことがあるかもしれません。仕事の時間のうち、20％を自分の好きなことに自由に使えるというものです。20％ですから、換算すると週に1日です。

さすがに、地域金融機関で毎週1日、他店・本部に異動後も『エール企業』のために活動というのはむずかしいですが、月に1日（約5％）の時間を、自分が応援したい地元企業の『ゴール』実現に向けた活動に充てる、というのは、地域金融機関としても許せる水準、認めるべき水準だと思います。もし、この時間の捻出すらむずかしいのであれば、どこかに大きな課題が潜んでいると考え、本当の「働き方改革」に取り組む必要がありそうです。

この制度はさらに、副次的効果も期待できます。

他店ではなく本部に異動になっても『エール企業』の担当であり続けるため、本部のどの部署にいても、お客さまの生の声、お客さまのニーズ、お客さまの悩みごとに触れ続けます。すると、本部の各部署が打ち出す施策は、現場感覚があり、お客さまの視点もふまえた、よりよいものに変わっていきます。

地域金融機関の職員の多くが、応援したい先をもち、経営者の『ゴール』の実現に向け長期的に寄り添うことができれば、地域へのメリットも大きいものとなります。職員の成長にも、「やり甲斐」の実感にもつながるでしょう。

細部の詰めは必要ですが、取り入れてほしい制度として、私からの提案です。

＊　＊　＊

ここまでお読みいただき、ありがとうございます。
最後に一言メッセージをお伝えして、「本編」を締めくくります。

Where there's a will, there's a way.
（意志あるところに、道あり）

「やりたい」という思いがあれば、できるでしょう。
そんな意思をもった皆さんに、私から『エール』を送ります。

補　論

ゴールベースアプローチによる金融機関経営

すべての業務に通じる考え方

『ゴールベースアプローチ』を、法人取引への適用の側面からみてきました。

もともと『ゴールベースアプローチ』は、個人の資産運用の領域で生まれた概念なので、地域金融機関としては、もちろん個人取引でも取り入れるべきアプローチです。

さらに、第2章で確認したように『ゴール』を見据えたうえで、何かを考えたり、行ったりするのは、どの領域にも当てはまる「当たり前」のことです。

もちろん、地域金融機関も例外ではありません。

営業（法人取引・個人取引）以外の領域にまで視野を広げ、「当たり前」のものとしてください。

ちなみに私は、支店長に登用間近・直後の女性向けに研修講師をすることがあります。そのときまずは、「支店長として支店経営を楽しんでいる姿を想像して、そのときにどんな支店になっているかを絵に描いてみましょう」というセッションから入るようにしています。

「自分に支店長なんてできるだろうか」「支店長になると大変なことばかりが増えそう」と不安を多く抱えている人たちには、「こうすれば大丈夫」「あんなことは気をつけるように」と細かな話を積み重ねていくよりも、楽しい将来を思い描いてもらうことから入ったほうが、よりポジティブな気分になってもらえるからです。これも、『ゴールベースアプローチ』の活用方法の一例です。

それでは、本書の最後に「補論」として二つのテーマ（フィンテック・地方創生）を取り上げ、『ゴールベースアプローチ』の考え方を当てはめてみたいと思います。

◇フィンテック

２０１５年頃から、フィンテックという言葉が急速に広まり、いまでは金融関連で知らない人はいません。

地域金融機関をとりまく環境の悪化とも相まって、フィンテック（およびＡＩをはじめとするデジタル技術全般）への「期待」は膨らみましたが、同時に、フィンテックでいったい何ができるのだろうかという「不透明感」、対応に乗り遅れるわけにはいかないという「焦り」も生じました。

そこで、経営から企画部門（場合によっては、専担部署を立ち上げ）に対して、「フィンテックで何かを考えろ」という指示がくだされましたが、指示を受けた側は、さていったい何を考えたらいいのか、何からすればいいのかと戸惑ったようです。

「まずは情報収集から」とフィンテックセミナーに出たり、外部業者から情報を得たりはするものの、何をやるかは決まらずに時間ばかりが過ぎ、思うように構想が描けず苦慮するケースを、少なからず見聞きしてきました。

「フィンテック」は、文字どおり「技術」であり、道具にすぎません。

「フィンテックで何かを考えろ」は、ワープロ全盛期からパソコンへの切替えが進んだ頃（1990年代の半ば頃でしょうか）に、「パソコンで何かを考えろ」と指示するのと、レベル感は同じように思います。

もちろん、新たな技術による、これまでとは異なるサービスの登場があるため、情報収集を出発点として、そこからできることを考えるアプローチも必要です。アイデアを出すキッカケが何もないなかで考えるよりも、はるかに考えやすいでしょう。

しかし、このアプローチの欠点は、次から次へと登場する新技術を前に、目移りしてしまうことです。対象領域も、営業に関するものから、事務オペレーション関係、管理部門の効率化に資するものまで、幅広くあります。さらに、フィンテック企業は、自社の技術・サービスをとても魅力的にPRしてくるので、あれもやりたい、これもやりたい、だけど予算は限られているからどうしようと、何を優先して取り入れたらいいかが決められません。

だからこそ必要なのが、『ゴールベースアプローチ』です。

営業関連であれば、「どの領域で、どんな人の、何を叶えたいか」を『ゴール』として設定し、そのうえで実現に役立つフィンテックを探しにいきます。

たとえば、

●どの領域で……個人のお客さまに関する領域

●どんな人の……親の介護や子育てに日々明け暮れ、介護にかかる費用・子どもの教育費など、お金への不安はあるけれど、銀行に相談に行く時間も金融の知識もなく、そもそも自分のように貯蓄が少ない人は相談に乗ってもらうことはできないと思っている30代の主婦

●何を叶えたいか……時間を気にせず、気軽にお金や生活の相談をすることで不安を軽減し笑顔が増え、安心して子どもを育てられるようになる

こうしたことを実現させたいので、必要なフィンテックを探しにいく、という流れです。

営業店事務の見直しも同様に、細かな効率化に資するフィンテックを寄せ集め検討する前に、「これから新設・リニューアルする営業店は、こういうコンセプトにしたい」という『ゴール』をグランドデザインとして描いたうえで、フィンテックの活用余地を探っていきます。

フィンテック有効活用の本質は、「技術」ではなく「戦略」です。『ゴール』を決めたうえで、使えるフィンテックを探しにいくことで、次から次に登場するフィンテックという情報の渦に、巻き込まれることがなくなります。また、『ゴール』のイメージを共有しているので、できあがったものが経営の思い描いていた姿と違っていたという悲劇も回避できます。

さらには、『ゴール』が複数あれば、それぞれに人を張ることで、同時並行でサービス開始に向けた準備ができます。当たり前のことのように思えますが、『ゴール』が明確でないまま企画部門や専門組織に「フィンテックで何かを考えろ」というアプローチのままだと、案外とむずかしいものです。

◇地方創生

地方創生は、日本全国各地で取り組まれています。

「産・官・学・金・労・言」が連携して、地方創生に取り組んでいますが、はたして、各当事者の足並みはそろっているでしょうか。

「地方創生」という大きな目標こそそろっているものの、どんな地域にしようとして取り組んでいるか、地方創生で成し遂げたいことが何かまで落とし込んでいくと、「地域のGDP拡大」「新たな産業の創造」「世界に羽ばたく企業の輩出」「世界最先端技術の研究地としての名声獲得」「雇用の受け皿の確保」「住みやすい県ナンバー1の評価」「子どもの出生率向上」など、それぞれの思惑がバラバラで同床異夢になっているのではと危惧しています。

また、拙著『ザ・地銀』でも指摘しましたが、地方創生のための施策は数多く策定されているものの、それらが個々別々のものとして存在しており、結果、当地の将来がどうなるのかという「全体像」が伝わってきません。

たくさんの施策を、ただ単純に足しあわせたものが、その地域に望ましい将来像になるとも思えません。

だからこそ必要なのが、『ゴールベースアプローチ』です。

地方創生の個々の施策を、それぞれの主体で行う前に、「地域の将来をこうしたい」というブループリント（青写真）を『ゴール』として描き、その実現に向けた施策を考え、進めていくのです。

地方公共団体が、地域の目指す『ゴール』を策定していて、その内容が共感できるものであれば、地域金融機関は、そのレールに乗っかって対応を進めていけばいいでしょう。また、外部の有識者が「こういう地域をつくりあげては」という案を考えてくれるのであれば、それを利用すればいいです。

しかし、そのいずれもない場合（このケースが多い）には、地域での強い影響力と頭脳を有している地域金融機関が考えてみるか、もしくは各所を巻き込んで『ゴール』の検討を促す必要があるように思います。

ちなみに、「将来ありたい姿」の全体像がないままの地域づくりは、東京でも起こっていて問題提起がされています。紹介しておきましょう。

東京の各エリアでは、2020年の東京オリンピック・パラリンピックの開催を前に、大規模な再開発プロジェクトが進行しています。それに対して、2020年以降を見据えた東京の都市ビジョンを検討している「NeXTOKYO」プロジェクトは、

① 東京という都市全体を俯瞰して、産業・文化・人材誘致などの観点で、どのように進化すべきかのビジョンが欠落している

② 個々の再開発プロジェクトが、地域の個性を磨き上げるより、プロジェクト単体の収益性を最大化するような開発に走りがちで、結果として似たようなコンセプトのプロジェク

ト計画が東京の各エリアで乱立している

ことに強い問題意識をもち、各エリアによる部分最適の追求から、東京全体を視野に入れ、個々の街の個性を磨いていく方向に舵を切れるよう、提言しています。

提案の骨子を、図表8に掲載しますので、確認してみてください。

さて、皆さんの地元地域では、「NeXTOKYO」ほど大がかりなレベルではないにせよ、「こういう地域にしたい」という全体感をもった『ゴール』はあるでしょうか。

図表8 「NeXTOKYO」プロジェクトの提案骨子

[東京全体をつらぬく3つの横串テーマ]

○ Creative City
- 文化創造産業が集まる都市
- 「ユニークな街／デスティネーション」の集合体
- ナイトカルチャー・夜間経済の創造

○ Tech City
- 先端産業が集まる都市
- 先端技術が実装された都市

○ Fitness City
- 健康的なライフスタイルを実現する都市
- 水辺・緑の有効活用

[上記3つの全体テーマをふまえたうえで、都内の主要な街について、それぞれの方向性と街づくりの具体的アイデアを提案]

(例示)

○原宿・渋谷 ⇒ ストリートカルチャーの聖地

○秋葉原 ⇒ 電脳フィクションシティAKIBA

○池袋 ⇒ 女性が主役の文化・イノベーション都市

○竹芝・日の出・芝浦・天王洲 ⇒ 倉庫街のリノベーション

○築地 ⇒ 食＋スポーツ・エンターテインメント

(出所) 『NEXTOKYO 「ポスト2020」の東京が世界で最も輝く都市に変わるために』(日経BP社、2017年)

＊　＊　＊

フィンテックと地方創生を例に、営業以外の領域における『ゴールベースアプローチ』適用の考え方をみてきました。

本書のなかで何度も述べましたが、『ゴール』を見据えて物事に取り組むのは「当たり前」のことです。しかし、その「当たり前」ができていません。

さまざまな場面において、「それって、どういう姿を目指しているの」「最終的にどんなふうになったら、嬉しいと思っているのかな」という問いかけが口癖にまでなると、地域金融機関の取組みや仕事は、より一段のレベルアップをするでしょう。

そんな姿を目にすることを楽しみにしています。

＊　＊　＊

【本章の参考文献】

『NEXTOKYO「ポスト2020」の東京が世界で最も輝く都市に変わるために』（梅澤高明・楠本修二郎、日経ＢＰ社）

おわりに

『ザ・地銀—構造不況に打ち克つ長期ビジョン経営』『実践！「現場営業力」強化セミナー』に続いて、地域金融機関に関する3冊目の書籍を上梓することができました。

「地域金融機関を応援したい」という思い、そしてコンセプトは、本書にも受け継がれています。すこしでも、読者の心に響くことがあったならば幸いです。

そして、本書をきっかけに地域金融機関の皆さんと意見交換ができればと考えています。筆者のホームページ（https://www.braveyell.co.jp）をのぞいてみてください。

本書は、16年強にわたって勤務したA・T・カーニー株式会社を退社のうえ独立し、個人コンサルタントとしてBRAVEYELL（ブレイブエール）株式会社を設立した、ちょうど転換期に執筆をしました。人生の一大イベントと紐づいての執筆となったため、多くの方への感謝の気持ちで一杯です。本当にありがとうございます。

特に、A・T・カーニー日本代表の岸田雅裕さん、担当メンターの笹俣弘志さんには、さまざまな相談にのっていただきました。金融プラクティスの河野修平さんからもプロジェクトなどを通じて多くの刺激をもらいました。今後は、立場を変えてA・T・カーニーのアソシエイテッド・コンサルタントとしても活動をしてまいりますので、新たな関係構築のスタートとしてよろしくお願いいします。

株式会社JOYWOW（何を大事にする会社なのかの「ココロ」がバッチリとあらわれたステキな会社名です）の阪本啓一さん、鈴木由歌利さんにも、たくさんの応援をしてもらいました。また、経営者へのインタビューにあたっては、お二人が築いたエコシステムも存分に活用させていただいています。

友人である古屋悟司さん、石井健一さん、野元義久さん、それぞれとの会話からのヒントも、各章のメッセージ・コンテンツを考える際に大いに役立ちました。

そして、家族にも感謝の気持ちを贈ります。父・秀和、妻・るり子はもちろんのこと、娘の姫花・桃花には『ゴール』を見据えること、そして強い気持ちで『ゴール』に挑むことの大事さを再認識させせられました。

さいごに、本書の執筆機会を与えてくださいました、金融財政事情研究会の谷川治生理事にも、前二作に引き続いてたいへんお世話になりました。深く御礼申し上げます。

■ 著者略歴 ■

髙橋　昌裕（たかはし　まさひろ）

BRAVEYELL 株式会社　代表取締役　兼
A.T. カーニー株式会社　アソシエイテッド・コンサルタント

経営コンサルタント。

大学卒業後、生命保険会社を経て A.T. カーニー株式会社に入社。

金融プラクティスのリーダーシップメンバーの一員として、主に地域金融機関向けに幅広いテーマのコンサルティングを手掛ける。

2018年、A.T. カーニーとはアソシエイテッド・コンサルタントとして関係を続けながら、これまでの経験を活かすかたちで独立し、BRAVEYELL 株式会社を設立。社名には、変革に立ち向かう組織や人の勇気（BRAVE）を応援したい（YELL）という思いが込められている。

コンサルティングのほか、講演や研修講師、金融関連紙誌への執筆も多数、行っている。著書に『ザ・地銀――構造不況に打ち克つ長期ビジョン経営』『実践！「現場営業力」強化セミナー』（いずれも金融財政事情研究会）がある。

連絡先⇒ info@braveyell.co.jp

KINZAIバリュー叢書
ゴールベース法人取引

2018年6月26日　第1刷発行

著　者　髙　橋　昌　裕
発行者　小　田　　　徹
印刷所　株式会社日本制作センター

〒160-8520　東京都新宿区南元町19
発　行　所　一般社団法人 金融財政事情研究会
企画・制作・販売　株式会社 き　ん　ざ　い
出 版 部　TEL 03(3355)2251　FAX 03(3357)7416
販売受付　TEL 03(3358)2891　FAX 03(3358)0037
URL http://www.kinzai.jp/

ISBN978-4-322-13273-1